DESATADORA

A Virgem que o papa Francisco converteu em fenômeno de fé

EDUARDO MATTOS

DESATADORA

A Virgem que o papa Francisco converteu em fenômeno de fé

EDITORA MM
Campinas/SP
2016

Autor – *Eduardo Mattos*
Direção de Arte – *Alcibiades Godoy*
Editoração – *MGDesign (mgdesign.art.br)*
Revisão – *Caroline Vieira*
Revisão técnica – *Fr. José Almy Gomes*
Imagens
– Capa: *Roland Augustin / www.shoto.de (*reprodução do quadro de Maria Knotenlöserin*) e ©L'Osservatore Romano (*foto do papa Francisco*)*
– Orelha da capa: *Tiago Araújo (*foto do autor*)*
– Orelha da contracapa: *Santos Deuses (*foto da estatueta de Nossa Senhora Desatadora dos Nós*)*
– Contracapa: *Eduardo Mattos (*escultura de Nossa Senhora Desatadora dos Nós na Capela de Búzios*)*

Dados Internacionais de Catalogação na Publicação (CIP)
(Câmara Brasileira do Livro, SP, Brasil)

Mattos, Eduardo
Desatadora: a Virgem que o papa Francisco converteu em fenômeno de fé / Eduardo Mattos. -- Campinas, SP: Editora MM, 2016.

ISBN 978-85-63063-12-0

1. Desatadora dos Nós, Nossa Senhora - Orações e devoções 2. Fé 3. Igreja Católica I. Título.

16-05933 CDD-242.74

Índices para Catálogo Sistemático
1. Nossa Senhora Desatadora dos Nós:
Devoção: Cristianismo 242.74

2016

EDITORA MM COMUNICAÇÃO INTEGRADA LTDA.
www.edmm.com.br
E-mail: editora.mm@edmm.com.br

Àqueles que têm fé.

Sumário

Apresentação

Jesus Cristo foi um contador de histórias de raro talento.

Muitos de seus ensinamentos, descritos nos *Evangelhos do Novo Testamento*, são parábolas, nome dado aos contos com os quais ofereceu grandes lições de vida. Nelas, um dos temas recorrentes é a fé.

O *Evangelho de São Lucas*, por exemplo, narra que, certo dia, os apóstolos foram a Ele com o pedido complexo: "Senhor, aumenta a nossa fé". Jesus respondeu com uma de suas muitas frases de efeito. "Se vocês tiverem fé do tamanho de uma semente de mostarda, poderão dizer a esta amoreira: 'arranque-se e plante-se no mar', e ela lhes obedecerá" (17, 6).

Elemento essencial das parábolas de Jesus, a fé permeia a história da humanidade desde a origem do Cristianismo até os nossos tempos. Grandes personagens dedicaram reflexões a ela.

Santo Agostinho, um dos mais importantes pensadores da Igreja primitiva, apontava a fé como a maior inspiração da vida. Na sua definição, "ter fé é acreditar nas coisas que você não vê; e a recompensa por ela é ver aquilo em que você acredita".

O ativista político Martin Luther King Jr., principal líder do movimento de defesa dos direitos civis dos negros nos Estados Unidos no século 20, tinha na fé um dos principais argumentos para mostrar aos descrentes que sua luta era viável. "Suba o primeiro degrau com fé. Não é necessário ver toda a escada. Apenas dê o primeiro passo", disse ele, que em 1964 recebeu o Prêmio Nobel da Paz por trabalhar de maneira pacífica contra o preconceito racial. Outro pacifista, Mahatma Gandhi, líder do movimento de independência da Índia ocupada pela Grã-Bretanha na primeira metade do século 20, dizia: "A fé não é algo para se entender, é um estado para se transformar".

Steve Jobs foi um gênio da tecnologia da qual a sociedade moderna é dependente. Criador da Apple, inventou dispositivos como o iPhone e o iPod, aparelhos que revolucionaram a vida cotidiana. Como é próprio de um homem do *marketing*, da ciência e do mundo empresarial, orientava sua vida por racionalidades. Mas nunca deixou de acreditar naquilo que não conseguia ver, mesmo diante das maiores adversidades. Certa vez, avaliando fracassos e frustrações que colecionou, disse: "Às vezes a vida vai te golpear na cabeça com um tijolo. Mas não perca a fé".

Grandes intelectuais também exaltaram a fé em prosa e verso.

Autor de clássicos da literatura universal como *Os Miseráveis* e *O Corcunda de Notre Dame*, o francês Victor Hugo a definiu como a essência da existência humana: "Fé é o que os homens precisam".

Guimarães Rosa, um dos mais importantes escritores brasileiros de todos os tempos, autor de *Grande Sertão: Veredas*, recomendava rezar muito e ter fé. "Porque as coisas estão todas amarradinhas em Deus."

Charles Chaplin, criador do mítico personagem Carlitos, enxergava a fé como algo indivisível da natureza humana: "É a extensão do espírito, a chave que abre a porta do impossível". Já o poeta brasileiro Mario Quintana ia além: "Ter fé é assinar uma folha em branco e deixar para Deus escrever nela o que quiser".

Artistas populares também glorificaram a fé.

Escritor brasileiro mais lido de todos os tempos – só o livro *O alquimista*, lançado em 1988, foi traduzido para 80 idiomas –, Paulo Coelho já disse que "a fé apara todos os golpes, transforma o veneno em água cristalina". Seu parceiro em canções memoráveis, Raul Seixas, fez música: "Não diga que a vitória está perdida. Tenha fé em Deus, tenha fé na vida", cantou em *Tente outra vez!*

A fé que foi ingrediente habitual das parábolas de Jesus e continua permeando a história da humanidade é, também, o fio condutor deste livro. *Desatadora – A Virgem que o papa Francisco converteu em fenômeno de fé* conta a história de pessoas que, na melhor das definições permitidas pela palavra, acreditam de forma incondicional, têm crença inabalável no que não se pode ver. Porque só a fé pode explicar a origem da mais recente das devoções marianas, a de Nossa Senhora Desatadora dos Nós.

Mais recente porque, até meados da década de 1980, esta invocação da Virgem Maria era apenas uma obra de arte à qual se dava pouca importância, tanto artística quanto teológica. Pendurada na parede estreita ao lado do altar-mor da pequena igreja de San Peter am Perlach, em Augsburg, cidade do sul da Alemanha, não recebia qualquer tipo de culto ou devoção. Era chamada de Maria Knotenlöserin.

Até que, certo dia, um santinho com a reprodução do quadro viajou mais de 11 mil quilômetros, até a América do Sul. A estampa era um suvenir desses que se vendem em lojas instaladas em espaços culturais e religiosos de todo o mundo. Era oferecida aos visitantes no modesto balcão usado como loja da igreja, a maior parte turistas e mais interessados em subir à torre que se ergue ao lado, da qual se tem uma linda vista da cidade.

O pequeno cartão plantou em seu destino, a Argentina, a semente da maior onda de devoção à Virgem Maria de que se tem notícia em anos recentes. Com o título de Desatanudos, saiu dali para ganhar primeiro a América hispânica e depois o Brasil, aonde chegou como Desatadora.

Maria passou à história como Aquela que tem o poder de interceder junto a Deus em nome de seus devotos e se tornou uma mulher de muitas faces – estimam-se em mais de dois mil os seus títulos. A maior parte dessas representações, porém, está associada a um evento ou uma aparição, como são os casos de Nossa Senhora Auxiliadora, chamada pela primeira vez no século 16, para proteger os cristãos do domínio muçulmano na Europa, ou Nossa Senhora das Graças, que se revelou à noviça Catarina Labouré, na França.

A Virgem Desatadora dos Nós é diferente: não há episódio que tenha originado sua devoção. Ela é fruto exclusivo da fé de gente que vive uma relação intensa com o sagrado e em nome dele toma decisões de vida. É a história dessas pessoas que este livro conta.

Capítulo 1
Um padre e seus nós

Dezembro de 1986, final de primavera na América do Sul.

A poucos dias de completar 50 anos, padre Jorge inicia mais um dia da jornada de readaptação à sua nova rotina em Buenos Aires, a capital da Argentina.

Retornou há pouco de Frankfurt, na Alemanha, onde passou alguns meses reunindo informações para a sua tese de doutorado. Mergulhou na obra de um personagem pelo qual tem grande admiração: o filósofo e teólogo ítalo-alemão Romano Guardini (☆1885 † 1968). Ícone intelectual na Igreja Católica no século 20, ele influenciou muita gente importante no clero – os papas Paulo VI e Bento XVI, por exemplo.

Frankfurt foi o lugar certo para o padre Jorge naqueles meses. A biblioteca da Faculdade de Filosofia e Teologia de St. Georgen guarda importante acervo sobre Guardini. Além disso, na escola podia sentir-se em casa. A instituição é administrada por integrantes, como ele, de uma das mais antigas e importantes congregações religiosas, a Companhia de Jesus, fundada em 1539 por Santo Inácio de Loyola (☆1491 † 1556), nobre espanhol que renunciou à carreira militar para dedicar a vida a Deus – ele foi canonizado pelo papa Gregório XV em 1622.

Além de um ciclo de estudos, a Alemanha foi lugar e tempo para reflexão sobre as enormes dificuldades pessoais que enfrentava na Argentina. Padre Jorge vinha assistindo, impotente, à pesada intervenção da Santa Sé na sua congregação, decisão motivada pelas ideias de vanguarda de parte de seus membros. Desagradava ao Vaticano, sobretudo, a postura considerada de excessiva tolerância do superior-geral jesuíta, o sacerdote espanhol Pedro Arrupe, com os chamados liberais. Na América Latina, por exemplo, eles eram boa parte dos seguidores da então efervescente Teologia da Libertação.[1]

Para o comando da Igreja, núcleos latino-americanos da Companhia de Jesus confundiam ação pastoral com engajamento político e misturavam os ensinamentos dos *Evangelhos* com ideias do comunismo.[2] Tudo como decorrência de interpretações equivocadas da Teologia da Libertação. Neste processo, entendia o alto clero católico, muitos flertavam de maneira indevida, indisfarçável e perigosa com os movimentos de guerrilha de esquerda espalhados pelo continente em oposição às ditaduras militares instaladas em vários países. De fato, alguns sacerdotes da Companhia de Jesus deram forte viés político a essa teologia e, em especial, à frase que se transformou no *slogan* emblemático da doutrina: a opção preferencial pelos pobres. A politização, contudo, não era diretriz da autoridade jesuíta, apenas iniciativa pessoal de alguns integrantes da comunidade.

A ingerência de Roma na Companhia de Jesus tornara-se mais intensa e explícita cinco anos antes, em 1981, quando Arrupe sofreu uma trombose cerebral que lhe deixou graves sequelas e teve de ser afastado da direção. O espanhol era um símbolo entre os jesuítas de todo o mundo. Esteve à frente da congregação ao longo de 18 anos e deu a ela nova dimensão, mas naquele momento parecia personificar todos os problemas apontados pela Santa Sé. Assim, o derrame que o impossibilitou de continuar à frente dos jesuítas foi a oportunidade esperada pelo Vaticano para intervir.

O reverendo americano Vincent O'Keefe – liberal e defensor de muitas das ideias de Arrupe – já fora nomeado pela comunidade para ocupar o cargo de forma provisória, até a eleição do novo superior-geral, quando o papa João Paulo II interveio. Nomeou o italiano Paolo Dezza na condição de delegado pontifício especial para dirigir a Companhia de Jesus como interino. Foi a forma encontrada para tentar enquadrar os liberais e reposicionar a conduta tida como errática de membros da congregação.

Padre Jorge tinha admiração especial por Arrupe desde 1965, quando se conheceram no Colégio da Imaculada Conceição, na província de Santa Fé, na Argentina. Então, aos 29 anos (seria ordenado apenas quatro anos mais tarde), padre Jorge era apenas *maestrillo*, designação dada àqueles que estudam para ser sacerdotes e, também, dão aulas em alguma instituição jesuíta. Ensinava literatura e psicologia. Já o espanhol acabara de se tornar a principal liderança da Companhia de Jesus no mundo e encarnava como poucos os ideais de Santo Inácio de Loyola: promover a fé, a palavra de Deus, a justiça, a dignidade do ser humano, o ensino e, em especial, assistir aos pobres e humildes.

Olhando para trás, nesse difícil dezembro de 1986, padre Jorge observa que boa parte da obra erguida por ele, orientada pelos princípios da congregação e avalizada por Arrupe, vinha sendo desconstruída de maneira silenciosa no processo de intervenção conduzido pela Santa Sé. E não era pouca coisa. Homem de ação, padre Jorge sempre entendeu que sacerdotes não podem ser, como define, "ratos de sacristia". Devem, isto sim, estar a serviço de seus fiéis. Resumindo a ideia dele próprio: "Bom pastor é aquele que tem cheiro de ovelha". E ele nunca deixou de estar com o seu rebanho. Sempre cheirou a ovelha, mesmo diante das maiores adversidades.

Como superior dos jesuítas na província argentina (na qual está incluído também o Uruguai), entre 1973 e 1979, teve de enfrentar uma das mais graves crises da história da Companhia de Jesus no país. Com apenas 36 anos – há menos de quatro como padre –, foi o mais jovem a assumir o cargo, o que gerou fortes reações internas. Os mais conservadores não aceitavam o fato de que importantes decisões estivessem concentradas nas mãos de "um menino". Mais ainda: "um menino" de personalidade forte, determinado, executivo organizado e convicto de suas decisões – características que o levaram ao cargo.

Além da resistência de parte da comunidade, teria de enfrentar problemas imensos, que faziam antever consequências de graves proporções.

Na Argentina, não passava um só mês sem que sacerdotes abandonassem as batinas, seduzidos pelas mais variadas motivações. Para piorar, as vocações se tornavam cada vez mais raras, o que resultava em seminários dia a dia mais vazios e na perspectiva de poucas ordenações sacerdotais para os anos seguintes. Os números revelavam a gravidade da situação: em 1958, quando padre Jorge decidira entrar para a Companhia de Jesus, eram cerca de 400 membros e vocações jesuítas na Argentina; em 1973, restava pouco mais da metade.

Com cada vez menos seminaristas e sacerdotes, a Igreja Católica assistia, ainda, ao rápido processo de fuga dos fiéis. O público das missas minguava; as pessoas pareciam abandonar a fé pelos caminhos da vida, desencantadas. Havia também marcantes cisões internas no clero de uma maneira geral e entre os jesuítas em particular. Integrantes da congregação agiam motivados pela Teologia da Libertação, que, àquela altura, além de ter o veto velado do Vaticano, agitava a extrema direita argentina, que considerava a doutrina uma espécie de linha acessória do pensamento político de esquerda. Este quadro era rematado pela crise financeira que arrastava a Companhia de Jesus para a falência na província.

Padre Jorge enfrentou tudo com determinação. Primeiro, iniciou um minucioso trabalho para identificar e atrair jovens inclinados para a vida religiosa. Depois, deflagrou a cuidadosa operação para estancar o êxodo de sacerdotes. Pouco a pouco os fiéis redescobriram a fé e o encanto das missas, que voltaram a ter significativa participação.

Na mais delicada de todas as tarefas, conseguiu reverter a crise financeira que ameaçava a congregação na província. Propriedades de importância secundária para a atividade pastoral, por exemplo, foram vendidas. O controle da mais respeitada instituição de ensino superior da Companhia de Jesus, a Universidade do Salvador (USAL), em Buenos Aires, foi transferido para a administração de uma sociedade civil.

Mais tarde, entre 1980 e 1986, como reitor do Colégio Máximo de São José, em San Miguel (na região metropolitana de Buenos Aires), colocou o ideal da congregação a serviço de sua pequena revolução.

Para promover a fé e a palavra de Deus, construiu cinco igrejas, três delas dedicadas a santos jesuítas – São Francisco Xavier, São Pedro Claver e Santo Alonso Rodriguez.[3] Para dar aos pobres e humildes um pouco da dignidade que poucas vezes tiveram, abriu as portas da instituição de ensino aos bairros do entorno, onde os serviços e a assistência do poder público pouco chegavam. Fez refeitórios para crianças e criou até mesmo cursos profissionalizantes com o propósito de qualificar muitas daquelas pessoas desamparadas e aumentar suas perspectivas no mercado de trabalho. Todo fim de semana havia algum tipo de atividade de esporte e lazer – os campeonatos de futebol entre as capelas fundadas por ele eram um sucesso.

O cenário de fundo para toda esta imensa obra era o pior possível. A Argentina, que deixara para trás a sequência de governos militares entre 1966 e 1973, já estava, em 1976, de novo às voltas com generais, almirantes e brigadeiros. Eles derrubaram a presidente Isabelita Perón e instalaram o regime rotulado de Processo de Reorganização Nacional. Uma junta militar formada por integrantes do Exército, da Marinha e da Aeronáutica assumiu o controle. O pretexto para a tomada de poder era a grave crise política, social e econômica pela qual passava o país, asfixiado pela hiperinflação que chegou a atingir a marca de 100% em um único dia. Mas o alvo número 1 era outro, comum a quase todos os governos militares das Américas Central e do Sul na época: conter a ameaça de expansão do comunismo.

O golpe de março de 1976 estabeleceu a mais sanguinária de todas as cinco ditaduras pelas quais passou a Argentina no século 20. Historiadores estimam que 30 mil pessoas podem ter sido sequestradas ou mortas até 1983, quando o poder foi devolvido aos civis.[4]

Sacerdotes deixaram o ofício para se alistar à resistência de esquerda e, neste processo, os militares enxergavam um guerrilheiro comunista em cada homem de batina. Muitos foram perseguidos – vários, presos e torturados; alguns, mortos.[5] Não estavam livres do rótulo de "padres vermelhos" nem mesmo os que, como a maior parte dos jesuítas, se dedicavam apenas a tornar menos dramática a vida dos miseráveis das periferias da Grande Buenos Aires, os *curas villeros*, como são conhecidos os religiosos que atuam nas *villas miserias*, as favelas argentinas.

Homem de profunda formação humanista, padre Jorge tinha grande respeito pelos *villeros*, aos quais dava todo o apoio. A perseguição sistemática aos sacerdotes de favela, assim, transformou-o em personagem daquela história de horror.

São muitos os relatos de religiosos, e mesmo de gente sem ligação com a Igreja Católica, protegidos por ele do violento regime argentino. Estima-se que tenha salvado a vida de cerca de cem pessoas.

Um dos casos conhecidos foi o dos seminaristas Enrique Martínez Ossola, Miguel La Civita e Carlos González, listados como subversivos, que foram escondidos no Colégio Máximo de San Miguel a pedido do arcebispo de La Rioja (região Noroeste do país), Enrique Angelelli, no início de 1976. Poucos meses depois, em agosto, o próprio arcebispo seria emboscado e assassinado pelos militares.

Outro episódio foi o de um jovem envolvido com movimentos de esquerda. Tinha a singularidade de ser muito parecido fisicamente com o padre Jorge. Saiu do país pela fronteira com o Brasil, através de Foz do Iguaçu, por meio de um plano tão ousado quanto arriscado: disfarçado de sacerdote, vestido com *clergyman* (a camisa preta com colarinho romano na gola) e portando a cédula de identidade de seu protetor como documento.

No Colégio Máximo de San Miguel, padre Jorge chegou a simular a realização de retiros espirituais nos quais dezenas de pessoas ficavam reclusas por períodos de até um mês. O único objetivo era abrigar quem necessitava de proteção até que pudesse, em algum momento, seguir seu caminho em segurança.

O mais delicado de todos os casos nos quais se envolveu foi o dos jesuítas Francisco Jalics e Orlando Yorio. *Curas villeros,* eles mantinham comunidades em uma favela do bairro Rivadavia e estavam envolvidos em muitos rumores. Dizia-se que eram integrantes do grupo guerrilheiro de esquerda Montoneros, andavam armados e desrespeitavam seus votos, eufemismo para acusá-los de quebrar o celibato. Padre Jorge apoiava de forma incondicional o trabalho evangélico e social nas favelas, mas fazia claras objeções à politização da atividade.

A informação de que os dois estavam fichados como comunistas, acusados de usar atividades pastorais nas *villas miserias* como disfarce para as manobras da guerrilha urbana, chegou à Companhia de Jesus ainda em 1974, durante o breve período entre golpes. Na época, embora os militares não estivessem de maneira formal à frente do país, agiam com liberdade e até certa cumplicidade do poder civil.

Superior provincial da Companhia de Jesus, padre Jorge não tinha evidências de ligações dos dois sacerdotes com a luta de esquerda, mas sabia que corriam risco. Assim, tentou convencê-los a deixar a favela durante mais de um ano. Jalics e Yorio resistiam, usando sempre o mesmo argumento: ajudar aos pobres não é fazer política, é praticar os ensinamentos de Jesus. Como último recurso, o padre decidiu apelar ao superior-geral da congregação, Pedro Arrupe, que em fevereiro de 1976 extinguiu as comunidades. Esperava, com isso, tirar os religiosos da alça de mira dos militares e dar mais segurança a eles.

Mas nada parecia convencer os dois. Eles resistiam até mesmo às ordens da maior autoridade jesuíta no mundo e continuavam atuando na favela, mesmo depois de as comunidades perderem o reconhecimento oficial da congregação. Para pressioná-los a interromper o trabalho, até a Arquidiocese de Buenos Aires interveio. Tomou a decisão radical de suspender a licença de Yorio para oficiar missas. Também não funcionou. No penúltimo domingo de maio de 1976, foram sequestrados por militares da Marinha.

A vida dos dois estava por um fio, e padre Jorge passou a fazer o que podia para libertá-los ou, no mínimo, protegê-los. Encontrou-se duas vezes com o general Jorge Videla e outras duas com o almirante Emilio Massera, cérebros da junta militar que comandava o país com mão de ferro, para pedir a soltura deles. Em certa ocasião, para chegar a Videla, convenceu o capelão responsável por celebrar as missas privadas para o militar a dizer-se doente. Assumiu o seu lugar, teve acesso ao general e pediu a libertação dos sacerdotes. Em cada contato, sua intenção era deixar claro que a Igreja Católica acompanhava o caso de perto e com muito interesse; não deixaria o sequestro deles cair no esquecimento até que aparecessem fuzilados em alguma vala da periferia ou fossem jogados no mar, vivos, de um avião ou helicóptero – as formas mais comuns de execução dos adversários do regime. Essa era uma das poucas formas de pressão que tinha na tentativa de evitar o pior.

Depois de cinco meses presos e torturados na Escola de Mecânica da Armada (ESMA), o maior centro clandestino de detenções de subversivos da ditadura na capital argentina, os sacerdotes foram libertados. Aliviado, padre Jorge agiu rápido. Conseguiu passaportes para ambos e comprou suas passagens para o exterior: Jalics, para a Hungria, seu país de origem; Yorio, para Roma, onde ainda interveio para que ingressasse no Colégio Pio Latino-Americano e na Universidade Gregoriana.

O resumo da obra de seus 12 anos ocupando cargos de liderança na Companhia de Jesus na Argentina, portanto, podia ser definido como um exemplo real e bem-acabado do ideário jesuíta.

Mas, nesses dias de dezembro de 1986, a percepção é a de que tudo está ruindo. Sua história parece estar a caminho da marginalização. Até mesmo o sorriso largo e o bom humor quase sempre temperado por fina ironia, traços marcantes da personalidade do padre Jorge, desapareceram. Deram lugar a expressões de preocupação com o futuro. De volta da Alemanha, agora é simples professor de teologia pastoral da Universidade do Colégio Máximo de San Miguel, instituição que dirigia até pouco tempo atrás, e confessor na igreja do Colégio do Salvador, em Buenos Aires. Também colabora, de maneira eventual, com textos para o *Boletín de Espiritualidad*, publicação católica que circula no país.

Sua tese sobre Romano Guardini ficou pelo caminho, inacabada. Entre os religiosos, há até quem considere que a decisão de fazer o doutorado não foi sua iniciativa, mas sim determinação do novo comando jesuíta na província, pensada para deixá-lo à margem. Há, de fato, um movimento velado para afastá-lo do ciclo de mudanças que se inicia. Homem de sensibilidade apurada, padre Jorge tem exata noção da manobra em curso neste exato momento, quando está no prédio da comunidade do Colégio do Salvador, onde mora, colocando sua correspondência pessoal em dia.

O Natal está próximo e a quantidade de cartas é grande, mas ele abre todas elas, com paciência. Até que retira, de um dos envelopes, a imagem incomum da Virgem Maria desfazendo nós da corda passada a Ela por um anjo. No verso, o texto escrito em alemão, idioma que domina, é revelador. O pequeno cartão provoca nele forte impacto. Parece inspirá-lo no momento de dificuldades pelo qual passa. Os nós da vida devem ser entregues nas mãos da Mãe de Jesus, a Mãe de todos os que Nela confiam. Ela dará conta de desfazê-los. Basta ter fé.

Nasce neste momento uma devoção única, que passará a ser promovida com intensidade pelo homem que, 26 anos depois, no dia 13 de março de 2013, iniciará sua jornada como o 266º Papa da Igreja Católica, o primeiro Pontífice jesuíta e latino-americano: Francisco, o nome adotado pelo padre Jorge Mario Bergoglio.[6]

1 A Teologia da Libertação é uma corrente cristã de pensamento que surgiu na década de 1960, na América Latina, e teve grande influência e repercussão no continente até o fim dos anos 1980. Considera que os *Evangelhos* exigem a opção preferencial pelos pobres e entende os ensinamentos de Jesus Cristo como libertadores de injustiças sociais, políticas e econômicas.

Dois brasileiros estão entre os que são considerados expoentes na defesa das ideias do movimento: o ex-frei franciscano Leonardo Boff e o escritor e teólogo protestante Rubem Alves (☆1933 † 2014) – autor de *A theology of human hope* (*A teologia da esperança humana*, em tradução livre), tese de doutorado em filosofia que apresentou no Princeton Theological Seminary (EUA), em 1969, e que é tida como um dos símbolos do surgimento da doutrina.

Muitos padres aderiram às ideias da Teologia da Libertação. Embora a doutrina se orientasse apenas pelos ensinamentos dos *Evangelhos*, religiosos viram coerência entre seus conceitos e as ideias defendidas pelas guerrilhas de esquerda latino-americanas. Foram seduzidos pela luta armada e aderiram a ela. A doutrina ainda foi a matriz de outras manifestações relevantes nos cleros das Américas Central e do Sul, como a Teologia do Povo e o Movimento Sacerdotes para o Terceiro Mundo.

Começou a perder força entre 1984 e 1986, quando a Santa Sé condenou seus principais pilares em dois documentos assinados pelo cardeal alemão Joseph Ratzinger, hoje papa emérito Bento XVI. Defensores e promotores da corrente teológica foram punidos, entre os quais Leonardo Boff, que acabou pedindo dispensa do sacerdócio.

2 Ideologia social, política e econômica, o comunismo defende um sistema igualitário e sem classes sociais, em oposição ao capitalismo. A propriedade – terra e meios de produção – é coletiva, administrada pelo Estado, que se propõe a distribuí-la conforme a necessidade das pessoas. É frequente a confusão entre o comunismo e a doutrina que o inspirou, construída pelos pensadores alemães Karl Marx (☆1818 † 1883) e Friedrich Engels (☆1820 † 1895), conhecida como marxismo. O comunismo, que se alastrou por vários e importantes países ao longo do século 20, criou regimes autoritários, burocráticos e de privilégios que distorceram, em grande medida, os ideais do marxismo puro. O primeiro estado comunista do mundo surgiu em 1917, na Rússia, e foi o embrião para a criação, na década seguinte, da União das Repúblicas Socialistas Soviéticas (URSS), aliança que reuniu 15 estados sob o comando centralizado de Moscou. Depois da Segunda Guerra (1939-1945), com a divisão do mundo em áreas de influência pelos vencedores (Estados Unidos, França, Grã-Bretanha e União Soviética), o comunismo estendeu seu

controle pela metade leste da Alemanha e por toda a Europa Oriental. Em seu momento de maior influência, a União Soviética tinha o controle de 40 países em todo o mundo, inclusive na Ásia e na América Central. O império soviético entrou em colapso na segunda metade da década de 1980, até se desintegrar, em 1990.

3 Os santos jesuítas homenageados pelo padre Jorge Mario Bergoglio com capelas em San Miguel são todos de origem espanhola e viveram entre os séculos 16 e 17.

São Francisco Xavier (☆1506†1552), um dos fundadores da Companhia de Jesus, é considerado pela Igreja Católica um dos grandes missionários cristãos, razão pela qual ganhou o título de Apóstolo do Oriente. Evangelizou em nome do rei de Portugal, d. João III, durante mais de dez anos. Passou por regiões como Moçambique, Índia, Indonésia, Malaca (atual Malásia), Ilhas Moluca (Indonésia) e Japão. Foi canonizado pelo papa Gregório XV, em 1622, junto com Santo Inácio de Loyola.

São Pedro Claver (☆1580†1654) passou mais de 40 anos em missão em Cartagena das Índias (atual Colômbia), onde dedicou a vida a cuidar de escravos traficados em condições subumanas para a América Hispânica. Chegou a se obrigar à missão por voto – "Escravo dos escravos para sempre", escreveu. Segundo a tradição católica, passaram por suas mãos mais de 300 mil cativos. Foi canonizado pelo papa Leão XIII, em 1888.

Santo Alonso Rodriguez (☆1532†1617), às vezes chamado de Santo Afonso Rodriguez, foi o único dos três jesuítas homenageados com igrejas pelo padre Jorge Mario Bergoglio que não se ordenou sacerdote. Foi acolhido pela Companhia de Jesus como irmão leigo depois de uma tragédia pessoal, a morte de seus dois filhos e da esposa. Na congregação, entregou-se à vida de austeridade e obediência. É considerado símbolo de espiritualidade entre jesuítas. Também foi canonizado pelo papa Leão XIII, em 1888.

4 A Comissão Nacional sobre o Desaparecimento de Pessoas (CONADEP), colegiado criado pelo primeiro presidente constitucional da Argentina depois da ditadura, Raúl Alfonsín, estimou em 10 mil o número de desaparecidos, a maior parte com menos de 35 anos. Nas contas de organizações de defesa dos direitos humanos, como as Mães da Praça de Maio e o Serviço Paz e Justiça, o total chega a 30 mil.

5 O primeiro religioso a se tornar vítima da perseguição a integrantes da esquerda na Argentina foi o padre Carlos Mugica (☆1930 † 1974), do Movimento Sacerdotes para o Terceiro Mundo. Filho de família da elite socioeconômica do país, bonito, bom orador e dono de discurso bastante politizado, ganhou rápida notoriedade tanto entre moradores das favelas quanto na imprensa. Foi morto a tiros, logo depois de rezar a missa, em 11 de maio de 1974, em ação atribuída à Aliança Anticomunista Argentina (AAA, também conhecida como Triple A), esquadrão da morte de extrema direita. Foi o primeiro ataque direto contra a Igreja Católica no país. Quatro sacerdotes jesuítas estavam entre os que carregaram o caixão de Mugica, o que evidencia a influência das ideias de esquerda sobre integrantes da Companhia de Jesus. Com a sua morte, os *curas villeros* passaram a tomar cuidados especiais, como não entrar sozinhos nas favelas e andar sempre acompanhados à noite.

6 Foi o cardeal d. Claudio Hummes, único brasileiro presente ao conclave que elegeu Jorge Mario Bergoglio, quem o inspirou a adotar o nome Francisco, segundo o próprio Papa revelou em encontro com jornalistas no dia 16 de março de 2013, três dias após a reunião que o escolheu. D. Cláudio estava ao seu lado quando a escolha se tornou irreversível. Esta é a transcrição da fala de Francisco naquele dia:

"Alguns não sabem por que o bispo de Roma quis se chamar Francisco. Alguns pensaram em Francisco Xavier, em Francisco de Sales e também em Francisco de Assis. Deixem-me lembrar a história. Na eleição, tinha ao meu lado o arcebispo emérito de São Paulo, também prefeito emérito para a Congregação para o Clero, cardeal Cláudio Hummes, um grande amigo, um grande amigo! Quando a coisa começou a ficar um pouco 'perigosa', ele me confortou. E quando os votos atingiram dois terços, surgiu o habitual aplauso, porque foi eleito o Papa. Ele me abraçou, me beijou e disse: 'Não se esqueça dos pobres!'. E aquela palavra entrou na minha cabeça: os pobres, os pobres. Imediatamente, relacionei os pobres a Francisco de Assis. Em seguida, pensei nas guerras. (...) E Francisco é o homem da paz. E assim surgiu o nome no meu coração: Francisco de Assis. Para mim, é o homem da pobreza, o homem da paz, o homem que ama e preserva a criação. (...) É o homem que nos dá este espírito de paz, o homem pobre... Ah, como eu queria uma Igreja pobre e para os pobres!".

Capítulo 2

A gênese de uma devoção

A Virgem Maria sempre foi uma das mais fortes referências de vida para o padre Jorge Mario Bergoglio.[7] Entre os raros documentos pessoais que ele guarda, está o papel amarfanhado e amarelado pelo tempo, escrito em 1969, às vésperas de sua ordenação sacerdotal. "Um momento de grande intensidade espiritual", conforme definiu para os jornalistas argentinos Sergio Rubin e Francesca Ambrogetti, autores de *O papa Francisco – Conversas com Jorge Bergoglio*.

No último dos 11 parágrafos daquele texto, escreveu: "Acredito em Maria, minha mãe, que me ama e nunca me deixará sozinho. E espero a surpresa de cada dia na qual se manifestarão o amor, a força, a traição e o pecado, que me acompanharão até o encontro definitivo com esse rosto maravilhoso que não sei como é, a quem escapo constantemente, mas que quero conhecer e amar. Amém".

Ele estava certo. A Virgem não o deixaria sozinho em um momento delicado de sua trajetória na Companhia de Jesus. Em dezembro de 1986, Ela estava ali, revelada da forma que jamais vira. Ele se perguntava que representação era aquela da Imaculada Conceição retratada no santinho em suas mãos. Uma dúvida e tanto, logo para alguém que conhecia como poucos algumas dezenas das mais de duas mil invocações da Mãe de Jesus e tinha devoção especial por muitas delas.

"As Marias" passaram a fazer parte de sua vida ainda na infância, trazidas pelos pais, Mário José Bergoglio e Regina Maria Sivori, e, em especial, pela avó paterna, Rosa Margarita Vassalo, a mais forte influência em sua formação católica, como admitiu várias vezes. Foi ela quem o ensinou a rezar a mais conhecida das orações dedicadas à Mãe de Jesus no Ocidente, a *Ave-Maria*.

É provável que a primeira das devoções do padre Jorge tenha sido Nossa Senhora das Mercês, como contou ao sacerdote Alexandre Awi Mello, em entrevista para o livro *"Ela é minha mãe" – Encontros do Papa Francisco com Maria*.[8] Tinha apenas 11 anos e se preparava para a primeira comunhão quando ganhou de sua catequista, a irmã Maria de Loreto Tortolo, uma estatueta de metal da Santa. "Eu a senti como algo que tinha tudo a ver comigo, que me caía bem, que era uma referência familiar, pessoal."

Era muito familiar a ele, também, Nossa Senhora Auxiliadora, como relatou certa vez em carta para o padre salesiano Cayetano Bruno.[9] Contou que o espírito da sua família foi nutrido pelos salesianos. "Eu aprendi a ir à procissão Dela... e desde criança nos ensinaram a pedir 'a bênção de Auxiliadora' ao nos despedirmos de um salesiano", escreveu ele, que foi batizado pelo padre Enrique Pozzoli, religioso da congregação muito ligado à sua família. No mesmo texto, lembrou-se dos tempos do Colégio Wilfrid Barón de los Santos Ángeles, em Ramos Mejía, cidade da região metropolitana de Buenos Aires, onde estudou em regime de internato ao lado de dois de seus irmãos. Definiu esta como "a experiência mais forte com os salesianos". Tinha apenas 13 anos, em 1949, e revelou ter recebido uma lição de vida: "Aprendi ali a me privar das coisas para dar às pessoas mais pobres que eu".

Auxiliadora voltaria a pontuar sua vida no início da idade adulta – pouco depois de descobrir uma agradável coincidência: era a padroeira do time de futebol do qual é torcedor apaixonado, o San Lorenzo de Almagro. Aos 19 anos, na basílica dedicada a Ela e a São Carlos Borromeu, em Buenos Aires, decidiu entrar para a Companhia de Jesus e abraçar, de forma definitiva, a vocação que intuiu alguns anos antes. Ia ser médico. "Médico de almas", como definiu para sua mãe.

Outra invocação de Maria se revelou a ele aos 28 anos, quando chegou a Santa Fé, a quase 500 quilômetros de Buenos Aires, para a sua primeira experiência como professor. Nos anos de 1964 e 1965, lecionou literatura e psicologia no Colégio da Imaculada Conceição – fundado pelos jesuítas em 1610 – e conheceu de perto a história da Virgem dos Milagres de Santa Fé, padroeira da Companhia de Jesus na província argentina-uruguaia.[10]

Nossa Senhora de Luján foi outra invocação que cruzou o caminho de fé percorrido pelo padre Jorge.[11] Padroeira da Argentina, Ela tem um pedacinho de sua história ligada ao Brasil. A imagem venerada na basílica erguida em Seu nome, na capital argentina, foi cozida em argila em algum forno ao longo do rio Paraíba do Sul, no interior de São Paulo, na mesma época em que também foi feita a estatueta da padroeira do Brasil, Aparecida – até o formato das duas, triangular, é muito parecido.

Mas a Virgem estampada no postal que ele observava com atenção naquele dezembro de 1986 era diferente de todas as outras, a começar pelo estranho nome grafado: Maria Knotenlöserin. Ele se apressou em descobrir qual era a origem da invocação em um mundo no qual a internet comercial nem mesmo começara a engatinhar. Recursos como Google, Yahoo, Wikipedia e Facebook, ferramentas de pesquisa comuns hoje, sequer eram projetos de garotos empreendedores do Vale do Silício, o polo norte-americano de alta tecnologia.

Assim, juntar informações sobre a Imaculada Conceição de nome esquisito poderia parecer um nó em si mesmo. A única pista disponível para começar a desvendar o mistério estava no espaço do envelope reservado para o nome do remetente: a Nossa Senhora de nome complicado, enviada pelo correio na mensagem de votos de feliz Natal, fora colocada em seu caminho pela freira que conhecera anos antes, em Buenos Aires. Ela fazia parte de uma congregação mariana e vivia na Alemanha.[12]

Padre Jorge foi reunindo, pouco a pouco, as informações sobre a enigmática representação. Uma das primeiras revelações desfazia a complicação do nome quase impronunciável para qualquer latino. Knotenlöserin é a fusão de duas palavras alemãs de largo uso. *Knot* significa nó; *löserin* traduz-se como desfazer, desatar. Aquela representação da Imaculada ganhou, então, seu título em espanhol: *la Virgen que Desata los Nudos*, a Virgem que Desata os Nós, ou Nossa Senhora Desatadora dos Nós.

Já havia um nome, mas faltava todo o resto. E a combinação de circunstâncias que permitiriam ao padre Jorge obter as informações sobre a Santa não poderia ser mais favorável. Era como se Ela própria o dirigisse até a descoberta definitiva.

A história toda começava em Augsburg, cidade do Estado da Baviera, no sul da Alemanha. O cartão com votos de feliz Natal que atravessara o Atlântico até a Argentina vinha de uma pequena igreja chamada St. Peter am Perlach (em tradução livre, São Pedro na Perlach, nome dado à torre que se ergue ao lado do templo), administrada por jesuítas.

Os nós começavam a se soltar. E as informações que juntaria em seguida fariam desatar todos eles. Por meio de contatos com os irmãos da Companhia de Jesus na Europa, soube que não se tratava de peça devocional ou de veneração. Era uma obra de arte, pintura decorativa na parede ao lado do altar principal da igreja.

A imagem tinha sua história ligada ao lugar há quase três séculos. A estampilha era, portanto, uma dessas lembranças à venda em lojas de museus e igrejas – coisas como selos, ímãs para geladeira, canetas, lápis, calendários e cartões como o que ele havia recebido.

A Virgen que Desata los Nudos tinha grande beleza estética, mas o padre Jorge ficara impressionado, em especial, com o denso significado teológico da composição. Os jesuítas alemães contaram que, segundo a tradição local, o autor da tela tinha sólida formação católica, razão pela qual buscou inspiração em quatro passagens da *Literatura Sagrada* para criar a sua alegoria.

A primeira – e mais importante delas –, pinçada do texto intitulado *Adversus Haereses* (*Contra as Heresias*, em tradução livre do original em latim), de autoria de Santo Irineu (☆120/140 † 200/203), bispo de Lyon no século 2, considerado pela Igreja Católica o primeiro teólogo cristão. A ideia central está no *Livro III*, em que são contrapostas as atitudes de duas das principais personagens bíblicas, as virgens Eva e Maria, que têm comportamentos opostos diante do plano Divino: "... O nó da desobediência de Eva foi desatado pela obediência de Maria; pois o que a virgem Eva atou por sua incredulidade, a Virgem Maria desatou por sua fé" (22, 4). Segundo esta interpretação teológica, os nós da vida são causados pela desobediência à vontade de Deus.

Eva desprezou a ordem do Criador ao se deixar seduzir pela serpente e provar o fruto de uma das duas árvores proibidas do Jardim do Éden, a do Conhecimento, como relata o *Gênesis*, primeiro dos livros do *Antigo Testamento* (3, 1-7).[13] Com este gesto, provocou a sua expulsão e a de Adão do Paraíso. Ou, como interpretou Santo Irineu, atou o nó do pecado de toda a humanidade.

Maria, ao contrário, submeteu-se à vontade Deus quando o anjo Gabriel anunciou que conceberia Jesus. Ela era só uma adolescente virgem, ainda morava com os pais e estava prometida a José. Apesar das complicações decorrentes da gravidez do filho que, sabia, não era do futuro marido, a sua iniciativa foi de obediência, de entrega ao plano Divino, conforme descreve o *Evangelho de São Lucas*, terceiro livro do *Novo Testamento:* "Eis aqui a serva do Senhor. Faça-se em mim segundo a Tua palavra", diz ela ao anjo Gabriel (1, 38).[14] Com a sua cega obediência a Deus, defende Santo Irineu em *Adversus Haereses*, desfez o nó deixado por Eva e determinou a salvação não só Dela própria, mas de todos os homens.[15]

A segunda iluminação do pintor, o flagrante em que Ela submete a serpente com o pé, também seria referência ao mesmo *Livro do Gênesis* (3, 8-24), ao trecho no qual é descrita a sequência da história do pecado original. Quando Deus pergunta a Adão se comeu do fruto proibido do Jardim do Éden, ele logo atribui culpa à mulher que o Senhor lhe deu como companheira. Questionada, Eva tenta se livrar da responsabilidade. "A serpente me enganou e eu comi", justifica. O Criador, então, volta-se para a serpente e a amaldiçoa: "Já que fez isso, maldita é entre todos os rebanhos domésticos e entre todos os animais selvagens! Sobre o seu ventre rastejará e pó comerá todos os dias da sua vida. Porei inimizade entre você e a mulher, entre a sua descendência e o descendente dela; este lhe ferirá a cabeça, e você lhe ferirá o calcanhar".

A imagem da Imaculada subjugando a serpente com o pé seria a metáfora do pintor para reafirmar a ideia de que Maria, ao contrário de Eva, obedeceu ao plano Divino reservado a Ela e não se permitiu pecar. E, ao cumprir a vontade Deus, salvou a humanidade condenada por Eva.

O *Apocalipse*, último livro do *Novo Testamento*, é apontado pela tradição católica como a terceira inspiração do pintor do retrato. O texto foi escrito por João, personagem sobre quem pouco se sabe – pode ter sido alguém por trás de um pseudônimo; é certo, apenas, que não é o mesmo autor do *Evangelho*. Conhecido também como o *Livro das Revelações*, descreve a cena grandiosa: "Apareceu no céu um grande sinal: uma mulher vestida do sol, com a lua debaixo dos pés e uma coroa de doze estrelas sobre a cabeça" (12, 1). O versículo é o relato preciso da Nossa Senhora que aparece no quadro.

A última fonte inspiradora, de acordo com os jesuítas alemães, seria o *Livro de Tobias*, do *Antigo Testamento*. Nele, dois personagens têm suas vidas cruzadas pela intervenção Divina: Tobias e Sara.

Entre os capítulos 6 e 8, é contada a história do judeu levado a se aventurar em viagem a um lugar distante e desconhecido (Rages, na Pérsia, atual Irã), à procura de um homem (Gabael) que jamais vira. O judeu é Tobias e sua missão, receber o dinheiro emprestado pelo pai a um amigo. Quando se prepara para partir, ele ganha a inesperada ajuda de um jovem, que se anuncia como Azarias – na verdade o arcanjo Rafael, enviado por Deus para protegê-lo na jornada. Ele acompanha Tobias durante todo o tempo e, no meio do caminho, com a desculpa de encontrarem um lugar para pernoitar, leva-o até Ecbátana (hoje Hamadã, também no Irã), onde mora Sara. Ela é vítima da maldição imposta por Asmodeu, demônio que a atormenta: casara-se por sete vezes e em todas elas, ainda antes das noites de núpcias, seus maridos morreram. Sara é a esposa escolhida por Deus para Tobias. E Rafael o ensina como desfazer a maldição.

No retrato, esta passagem do *Antigo Testamento* está, segundo a tradição católica, representada na parte inferior, área de penumbra que simboliza a Terra, aos pés de Maria. Ali, de acordo com os jesuítas, vê-se Tobias, seguido pelo seu cão – o animal é, inclusive, citado no texto bíblico – e guiado pelo arcanjo Rafael até a casa de Sara.

Todas as nuances da história encantaram o padre Jorge. Logo ele estabeleceu conexões entre a teoria teológica e a vida cotidiana. Trouxe a doutrina de Santo Irineu para o dia a dia da sociedade contemporânea: aquela era a Nossa Senhora que intercedia junto aos céus para desfazer os nós da vida pessoal, familiar, profissional, financeira. Os nós, como símbolo do pecado, enfraquecem a fé e afastam as pessoas de Deus. A Virgem os desfaz, fortalece a fé e leva os fiéis ao Criador.

A bela e antiga história que serviu de inspiração para o quadro, pensou ele, não podia parar ali. Precisava chegar ao maior número possível de fiéis. Era um testemunho de fé para encorajar o enfrentamento das dificuldades que todos temos na vida. E, assim, deu o primeiro passo para colocar em prática a ideia que sempre defendeu: a Igreja Católica e seus pastores devem ser facilitadores da fé.

Padre Jorge não se acanhou em pedir mais santinhos aos irmãos da Companhia de Jesus da Alemanha. Queria distribuí-los às pessoas, levar adiante a mensagem. Mas, quando chegou a remessa de postais de Augsburg, logo percebeu que a quantidade não daria nem para iniciar o trabalho de promover a devoção.

O volume era insuficiente para o seu desejo de espalhar a mensagem para as centenas de pessoas de seu relacionamento em Buenos Aires, onde vivia naquele momento, em Santa Fé, cidade em que fora professor, e em San Miguel, onde comandara o Colégio Máximo. Havia menos ainda para mandar ao Chile, àqueles com quem mantinha laços desde a época em que completou seus estudos humanísticos, antes de se ordenar. E para Alcalá de Henares, na Espanha, onde também tinha relações desde o período em que fez sua profissão perpétua, nem pensar.[16] A solução, percebeu, estava ali mesmo, em Buenos Aires.

---

[7] A profunda devoção de Jorge Mario Bergoglio pela Virgem Maria pode ser identificada nos detalhes. O brasão adotado por ele após ser eleito Sumo Pontífice é um exemplo. Sua composição é, em essência, o mesmo escudo que o acompanha desde a sagração como bispo, em 1992, com sutis modificações. Nele, a mãe de Cristo e da Igreja Católica está representada na estrela dourada de oito pontas inserida abaixo do símbolo da Companhia de Jesus – o sol no qual está gravado o monograma *IHS*, que são as primeiras letras do nome Jesus grafado em grego. As pontas da estrela simbolizam as bem-aventuranças, os ensinamentos de Jesus no Sermão da Montanha, conforme narra o *Evangelho de São Mateus* (5, 1-11), primeiro livro do *Novo Testamento.*

No dia 6 de junho de 2016, durante missa celebrada na capela da Casa de Santa Marta, no Vaticano, o papa Francisco referiu-se às bem-aventuranças como uma espécie de "GPS da vida cristã". Disse que elas "são o guia de navegação, do itinerário, são os navegadores de vida cristã". E pediu às pessoas que voltem a lê-las: "São poucas, cinco minutos, capítulo 5 de *Mateus*; ler um pouquinho em casa, cinco minutos, nos fará bem".

As bem-aventuranças:

3*Bem-aventurados os pobres de espírito, pois deles é o Reino dos Céus.*

4*Bem-aventurados os que choram, pois serão consolados.*

5*Bem-aventurados os mansos, pois eles receberão a terra por herança.*

6*Bem-aventurados os que têm fome e sede de justiça, pois serão satisfeitos.*

7*Bem-aventurados os misericordiosos, pois obterão misericórdia.*

8*Bem-aventurados os puros de coração, pois verão a Deus.*

9*Bem-aventurados os pacificadores, pois serão chamados filhos de Deus.*

10*Bem-aventurados os perseguidos por causa da justiça, pois deles é o Reino dos Céus.*

11*Bem-aventurados serão vocês, quando por minha causa os insultarem, perseguirem e levantarem todo tipo de calúnia.*

8 A devoção a Nossa Senhora das Mercês teve origem na Espanha. Mercê, na Idade Média, era palavra usada como sinônimo de misericórdia. Conta a tradição católica que no século 13, durante a ocupação muçulmana na Península Ibérica, o rico leigo francês Pedro Nolasco (✫entre 1182 e 1189 †entre 1256 e 1259) teve a visão segundo a qual a Virgem Maria pediu a ele a criação de uma ordem católica para se dedicar à proteção e libertação dos cristãos capturados em Portugal e na Espanha e escravizados no norte da África. Ao contar o episódio ao seu confessor, o frei dominicano Raimundo de Peñafort (✫1175†1275), e ao rei de Aragão, Jaime I, descobriu que ambos receberam, em sonho, o mesmo pedido da Imaculada Conceição. Com a aprovação de d. Berenguer de Palau, bispo de Barcelona, Nolasco e Peñafort fundaram, em 1218, a Ordem da Virgem Maria das Mercês da Redenção dos Cativos, por meio da qual os mercedários libertaram, segundo a tradição, mais de 80 mil católicos. Nossa Senhora das Mercês tornou-se padroeira dos cristãos presos. A devoção a Ela chegou à América do Sul pelas mãos dos frades mercedários. No Brasil, era venerada pelos escravos, que a tinham como padroeira de sua libertação. Pedro Nolasco foi canonizado em 1628, pelo papa Urbano VIII, e Raimundo de Peñafort, em 1601, por Clemente VIII.

9 Pela tradição católica, Nossa Senhora Auxiliadora foi invocada pela primeira vez no século 16, marco de um momento delicado para a história do Cristianismo. Então, a Igreja enfrentava o processo de divisão promovido pelo Protestantismo, que crescia na Europa. Ao mesmo tempo, forças do Império Turco-Otomano, potência muçulmana da época, avançavam sobre vastas áreas da Europa cristã para converter, à força, suas populações ao islamismo. Templos eram incendiados; religiosos, assassinados; homens e crianças eram escravizados; mulheres, violentadas. Em um esforço diplomático, o papa Pio V conseguiu unir monarcas europeus católicos para criar a Liga Santa, força militar cristã mobilizada em torno da ideia de defender o continente da influência do islamismo.

No dia 7 de outubro de 1571, cristãos e turco-otomanos se enfrentaram no mar Jônico, próximo de onde é hoje a cidade grega de Návpaktos. Durante os dias que antecederam a feroz batalha, Pio V pediu auxílio e proteção à Virgem Maria. No comando de uma esquadra com mais de 200 barcos e 30 mil soldados cristãos, d. João da Áustria derrotou as forças mulçumanas.

De acordo com a tradição católica, soldados turco-otomanos relataram a visão assombrosa que tiveram durante a batalha: a imagem gigantesca, brilhante, de uma mulher surgiu nos céus, causando pavor em milhares deles, que abandonaram a luta.

Com a vitória da Liga Santa no combate que ficou conhecido como a Batalha de Lepanto, o Vaticano introduziu, na Ladainha de Nossa Senhora, a invocação Auxílio dos Cristãos, da qual surgiu o título de Auxiliadora.

A representação da Virgem entrou no calendário oficial de festas católicas em 1815, após o episódio que é interpretado como outra intercessão de Maria Auxiliadora junto a Deus. Sete anos antes, o imperador francês Napoleão Bonaparte ocupou e anexou os estados pontifícios – territórios sob autoridade da Santa Sé localizados na Itália antes da unificação do país –, e prendeu o papa Pio VII. O Pontífice pediu a Nossa Senhora Auxiliadora por sua libertação e, quando seu poder foi restituído, instituiu no calendário católico a festa em homenagem a Ela para 24 de maio, dia de seu retorno a Roma.

Auxiliadora se popularizou a partir de 1862, com o registro de aparições para uma criança em Spoleto, na Itália. O padre João Bosco, que fundara a Congregação Salesiana três anos antes, em Turim, passou a promover sua devoção. Ele foi canonizado em 1934, pelo papa Pio XI.

10 A origem da devoção à Virgem dos Milagres de Santa Fé é um pequeno retrato de Nossa Senhora, de 1,33 m por 96 cm, que adorna a igreja contígua ao Colégio da Imaculada Conceição, em Santa Fé, na Argentina. Foi pintado entre 1634 e 1635 pelo jesuíta Luís Berger. Na manhã do dia 9 de maio de 1636, registra a tradição católica, religiosos da Companhia de Jesus, gestora da escola, perceberam que gotas de um líquido brilhante brotavam da tela. Ao escorrerem pelo quadro, pingavam sobre a mesa do altar. Chumaços de algodão foram embebidos com o líquido e curas milagrosas foram atribuídas a ele. Ainda hoje está guardado ali, como relíquia, um dos pedaços de algodão usados naquele dia. Exatos 300 anos depois, em 1936, o papa Pio XI autorizou a coroação pontifícia da tela, que ganhou o título de Nossa Senhora dos Milagres. Na ocasião, a Santa também foi declarada padroeira dos jesuítas na Argentina.

No livro *Papa Francisco – Vida e revolução*, de autoria da jornalista argentina Elisabetta Piqué, pode-se ter ideia do tamanho da devoção do Pontífice pela Virgem Milagrosa de Santa Fé. Germán De Carolis, ex-aluno de Jorge Mario Bergoglio no Colégio da Imaculada Conceição, conta: "Quando ele foi professor no colégio, todo dia, durante dois anos, íamos à igreja de manhã, antes da aula, para venerar a Virgem". Motivado pela boa lembrança, no ano 2000 De Carolis encomendou uma réplica do quadro para presentear o padre Jorge, então já arcebispo de Buenos Aires. "... Falei para Jorge: 'Tenho uma surpresa, para que continue a te proteger no teu destino'. Quando ele viu o quadro, ficou encantado... Eu falei: 'Jorge, não é você que dirige teu destino: é a Divina Providência que dirige você'".

11 A invocação de Nossa Senhora de Luján está associada ao episódio ocorrido no século 17. Conforme a tradição católica, o fazendeiro português Antônio Farias Sá, dono de grande propriedade em Sumampa, na província argentina de Santiago del Estero, queria erguer em suas terras uma capela em graça da Imaculada Conceição. Assim, encomendou ao conterrâneo que vivia no interior do Estado de São Paulo a imagem da Santa feita em barro. O amigo enviou a ele duas estatuetas – a primeira delas, clássica, da Virgem com as mãos juntas, em gesto de oração, e a outra de Maria com o menino Jesus nos braços.

Em maio de 1630, as duas imagens, embaladas em caixas de madeira, eram levadas sobre uma carroça puxada por bois em viagem de quase 900 quilômetros, desde o Porto de Buenos Aires até seu destino. Ainda no início do trajeto, os condutores pararam para pernoitar na estância de um homem conhecido como Rosendo de Trigueros, próxima do rio Luján, a cerca de 60 quilômetros da capital argentina. Na manhã seguinte, ao tentarem retomar o percurso, não conseguiam fazer os bois se moverem. Os animais empacaram, pareciam não ter força para puxar a carga. Decidiram, então, retirar as caixas da carroça. Bastou removerem a primeira delas para os bois se movimentarem. Os condutores entenderam o ocorrido como um sinal de Nossa Senhora: Ela desejava manter a imagem ali. Trigueros, dono da estância, construiu uma pequena capela para a estatueta de terracota, que ganhou rápida fama. Milagres passaram a ser atribuídos a Ela, e fiéis foram atraídos para o lugar. A Virgem de Luján tornou-se padroeira da Argentina. Hoje, a estatueta da Santa milagrosa está guardada na basílica erguida em seu nome em Buenos Aires.

12 Ainda hoje, muita gente na Argentina, mesmo integrantes da Igreja Católica, acredita que Nossa Senhora Desatadora dos Nós chegou ao país por meio de cartões guardados na bagagem do padre Jorge Mario Bergoglio, quando ele retornou do período de estudos na Alemanha, em 1986.

No dia 26 de dezembro de 2013, porém, ele próprio corrigiu este equívoco em entrevista ao sacerdote Alexandre Awi de Mello, autor do livro *"Ela é minha mãe" – Encontros do Papa Francisco com Maria*. Contou que até aquele dia não conhecera Augsburg, e muito menos o pequeno templo onde está a obra: "Eu nunca estive na Baviera... O santuário está em St. Peter am Perlach... Eu nunca estive lá".

Ainda assim, o engano continua a ser reproduzido. Até mesmo o *site* oficial da igreja alemã na internet (*http://sankt-peter-am-perlach.de/*) informa que Francisco conheceu a imagem de Maria Knotenlöserin em visita ao lugar, em 1986, e de lá a trouxe para a América do Sul.

No dia 14 de abril de 2015, ao receber uma turma do Movimento Apostólico Internacional de Schoenstatt, em audiência no salão de recepções da Casa de Santa Marta, no Vaticano, ele contou como conheceu esta invocação da Imaculada Conceição. Foi em resposta à pergunta do sacerdote argentino Cruz Viale, gravada pelo padre Awi de Mello: "Como ela foi parar em Buenos Aires? Por causa de uma freira mariana, provincial da Alemanha, que eu conheci na Argentina. Ela me enviou cumprimentos de Natal na estampa da Desatadora".

13 Todo o capítulo 3 do *Gênesis* é dedicado à história da desobediência de Eva:
1 Ora, a serpente era o mais astuto de todos os animais selvagens que o Senhor Deus tinha feito. E ela perguntou à mulher: "Foi isto mesmo que Deus disse: 'Não comam de nenhum fruto das árvores do jardim?'".
2 Respondeu a mulher à serpente: "Podemos comer do fruto das árvores do jardim,
3 mas Deus disse: 'Não comam do fruto da árvore que está no meio do jardim, nem toquem nele; do contrário, vocês morrerão'".
4 Disse a serpente à mulher: "Certamente não morrerão!".
5 Deus sabe que, no dia em que dele comerem, seus olhos se abrirão, e vocês serão como Deus, conhecedores do bem e do mal.
6 Quando a mulher viu que a árvore parecia agradável ao paladar, era atraente aos olhos e, além disso, desejável para dela se obter discernimento, tomou do seu fruto, comeu-o e o deu a seu marido, que comeu também.
7 Os olhos dos dois se abriram, e perceberam que estavam nus; então juntaram folhas de figueira para cobrir-se.
8 Ouvindo o homem e sua mulher os passos do Senhor Deus, que andava pelo jardim quando soprava a brisa do dia, esconderam-se da presença do Senhor Deus entre as árvores do jardim.
9 Mas o Senhor Deus chamou o homem, perguntando: "Onde está você?".
10 E ele respondeu: "Ouvi teus passos no jardim e fiquei com medo, porque estava nu; por isso me escondi".
11 E Deus perguntou: "Quem lhe disse que você estava nu? Você comeu do fruto da árvore da qual lhe proibi comer?".
12 Disse o homem: "Foi a mulher que me deste por companheira que me deu do fruto da árvore, e eu comi".
13 O Senhor Deus perguntou então à mulher: "Que foi que você fez?". Respondeu a mulher: "A serpente me enganou, e eu comi".
14 Então o Senhor Deus disse à serpente: "Já que fez isso, maldita é entre todos os rebanhos domésticos e entre todos os animais selvagens! Sobre o seu ventre rastejará, e pó comerá todos os dias da sua vida".

15 Porei inimizade entre você e a mulher, entre a sua descendência e o descendente dela; este lhe ferirá a cabeça, e você lhe ferirá o calcanhar".

16 À mulher, ele disse: "Multiplicarei grandemente o seu sofrimento na gravidez; com sofrimento você dará à luz filhos. Seu desejo será para o seu marido, e ele a dominará".

17 E ao homem disse: "Visto que você deu ouvidos à sua mulher e comeu do fruto da árvore da qual eu lhe ordenara que não comesse, maldita seja a terra por sua causa; com sofrimento, você se alimentará dela todos os dias da sua vida.

18 Ela lhe dará espinhos e ervas daninhas, e você terá que alimentar-se das plantas do campo.

19 Com o suor do seu rosto você comerá o seu pão, até que volte à terra, visto que dela foi tirado; porque você é pó e ao pó voltará".

20 Adão deu à sua mulher o nome de Eva, pois ela seria mãe de toda a humanidade.

21 O Senhor Deus fez roupas de pele e com elas vestiu Adão e sua mulher.

22 Então disse o Senhor Deus: "Agora o homem se tornou como um de nós, conhecendo o bem e o mal. Não se deve, pois, permitir que ele também tome do fruto da árvore da vida e o coma, e viva para sempre".

23 Por isso o Senhor Deus o mandou embora do jardim do Éden para cultivar o solo do qual fora tirado.

24 Depois de expulsar o homem, colocou a leste do jardim do Éden querubins e uma espada flamejante que se movia, guardando o caminho para a árvore da vida".

14 A narrativa da Anunciação é um dos pontos altos do *Evangelho de São Lucas* (1, 26-38). O anjo Gabriel já aparecera a Zacarias para avisar que suas orações haviam sido ouvidas: sua esposa, Isabel, mulher estéril e, como ele, idosa, daria à luz um filho – em razão do milagre, Zacarias passaria a dedicar a vida a Deus e converteria muitos incrédulos. O filho era João, o mesmo que, anos depois, batizaria Jesus nas águas do rio Jordão. Isabel estava no sexto mês de gravidez de João quando o anjo Gabriel foi enviado também a Maria para anunciar que seria mãe:

26 No sexto mês, Deus enviou o anjo Gabriel a Nazaré, cidade da Galileia,

27 a uma virgem prometida em casamento a certo homem chamado José, descendente de Davi. O nome da virgem era Maria.

28 O anjo, aproximando-se dela, disse: "Alegre-se, agraciada! O Senhor está com você!".

[29]*Maria ficou perturbada com estas palavras, pensando no que poderia significar esta saudação.*
[30]*Mas o anjo lhe disse: "Não tenha medo, Maria; você foi agraciada por Deus!*
[31]*Você ficará grávida e dará à luz um filho, e lhe porá o nome de Jesus.*
[32]*Ele será grande e será chamado Filho do Altíssimo. O Senhor Deus lhe dará o trono de seu pai Davi, e ele reinará para sempre sobre o povo de Jacó,*
[33]*e o seu Reino jamais terá fim".*
[34]*Maria perguntou ao anjo: "Como acontecerá isso, se não conheço homem?".*
[35]*O anjo respondeu: "O Espírito Santo virá sobre você, e o poder do Altíssimo a cobrirá com a sua sombra. Assim, aquele que há de nascer será chamado santo, Filho de Deus.*
[36]*Também Isabel, sua parenta, terá um filho na velhice; aquela que diziam ser estéril já está em seu sexto mês de gestação.*
[37]*Porque a Deus nada é impossível".*
[38]*Então, Maria respondeu: "Eis aqui a serva do Senhor. Faça-se em mim segundo a tua palavra". E o anjo afastou-se dela.*

[15] Embora Santo Irineu seja apontado como a mais importante fonte de inspiração para a pintura que está na Igreja de St. Peter am Perlach, não foi ele o primeiro a estabelecer o paralelo entre Eva e Maria. Segundo o padre Alexandre Awi Mello, mestre em teologia pela Universidade de Filosofia e Teologia de Vallendar, na Alemanha, e diretor do movimento católico mariano Schoenstatt no Brasil, é de São Justino (✰100 † 165) a ideia inicial, defendida no livro *Diálogo com Trifão*: "De fato, quando ainda era virgem e incorrupta, Eva, tendo concebido a palavra que a serpente lhe disse, deu à luz a desobediência e a morte. A Virgem Maria, porém, concebeu fé e alegria quando o anjo Gabriel lhe deu a boa notícia de que o Espírito do Senhor viria sobre ela e a força do Altíssimo a cobriria com sua sombra, através do que o santo que dela nasceu seria o Filho de Deus. A isso, ela respondeu: 'Faça-se em mim segundo a tua palavra'" (100, 5).

[16] A profissão perpétua é o último voto que os religiosos de congregação fazem. Por meio dele, comprometem-se em definitivo para a vida com Deus e sua comunidade.

Capítulo 3

O "*marketing* de formiga"

"Nunca se sabe o que um jesuíta está pensando."

O ditado é tão antigo que não é possível definir a sua origem. É usado por gente do clero católico e pode ter significados opostos, dependendo do contexto. A frase pode funcionar como crítica disfarçada ou elogio.

Naquele finalzinho de 1986, vivendo em um modesto dormitório do alojamento do Colégio do Salvador, em Buenos Aires, e afastado do centro de decisões da Companhia de Jesus, ninguém sabia o que passava pela cabeça do sacerdote jesuíta Jorge Mario Bergoglio. Nem mesmo as muitas pessoas da comunidade com as quais ele mantinha estreitas relações. Eram tempos de falar menos e agir mais. Assim deu o passo seguinte para levar à frente a história da Nossa Senhora de nome complicado: reproduzir o postal que veio da Alemanha, imprimir cópias ali mesmo.

Em pouco tempo estavam em circulação os primeiros santinhos impressos em Buenos Aires, adaptados aos católicos argentinos. Mostravam, na frente, a mesma Santa impressa na estampa alemã, com a diferença de que já aparecia apresentada pelo seu nome latino, la Virgen que Desata los Nudos, a Virgem Desatadora dos Nós. No verso, em lugar do texto escrito em alemão, as primeiras mensagens em espanhol. "O nó que todos carregam por desobediência, Maria desfaz com sua obediência", aparecia em alguns deles. "As mãos bondosas de Maria vão soltando, um a um, os nós que nos separam do bem. E, assim, a fita passa de um anjo ao outro, que, ao mostrá-la desatada, nos diz para orar com confiança porque somos ouvidos", era a mensagem de outros.

Os publicitários poderiam chamar de "*marketing* de formiga" a forma escolhida pelo padre Jorge para promover sua devoção, tão curtos eram os passos para levar aquela invocação da Imaculada às pessoas. De santinho em santinho, de mão em mão. Mas para ele era irrelevante o modo como tornaria conhecida a Nossa Senhora Desatadora dos Nós.

Importante era que, aos poucos, a Virgem revelada em um momento difícil de sua história pessoal entrasse também na vida de outros fiéis católicos.

Importante era que as pessoas encontrassem, nas estampilhas, a figura da Mãe pronta a ajudar.

Importante era despertar em cada um a esperança e a confiança no papel de intercessora de Maria, a que pede a Deus para ajudar aos seus filhos na difícil tarefa de desatar os nós do dia a dia.

Importante, acima de tudo, era que as pequenas gravuras pudessem reavivar a chama da fé nas pessoas.

Os pequenos cartões foram reimpressos seguidas vezes e as cópias, distribuídas de forma quase sistemática. Padre Jorge sempre tinha à mão um santinho da Desatadora dos Nós para oferecer a alguém. Pessoas de seu contato pessoal, de relações construídas ao longo dos anos, receberam. Quem passava por seu confessionário na comunidade do Colégio do Salvador, onde estava quase todos os dias, também levava o seu. E o pequeno retrato da Imaculada não deixava de acompanhar os muitos bilhetes e cartas que escrevia, sempre à mão, com a letra miúda. Cartas para parabenizar um conhecido pelo aniversário, saudar pai ou mãe pelo nascimento do filho, ou para dar notícias a alguém distante. E, no final, a assinatura com a orgulhosa identificação de que o autor era um sacerdote jesuíta: "Jorge M. Bergoglio, sj".

De mão em mão, a Virgem que empunha a fita cheia de nós começava a vir à luz. Mas seriam necessárias outras mãos para o "*marketing* de formiga". E ele tratou de recrutá-las.

Capítulo 4
O "vestido" de Maria

"Distribuam, por favor."

Teresa Di Naro lembra-se bem do dia em que o padre Jorge Mario Bergoglio entrou no setor de tesouraria da Universidade do Salvador (USAL), em Buenos Aires, com maços da estampilha de uma Santa desconhecida de todos. Foi em 1987, e Teresa trabalhava ali, no núcleo administrativo da instituição. A Virgem era tão anônima que o sacerdote precisou deixar, junto dos pacotes, cópias do escrito no qual dava explicações sobre a Sua origem.

Ele era uma figura querida e conhecida de muito tempo na USAL. A universidade foi fundada por jesuítas em 1944, mas em 1974, durante a crise econômica que sufocou a Argentina e ameaçava engolir todo o patrimônio da Companhia de Jesus no país, tornou-se um grande problema. A dívida da instituição, estimou-se na época, alcançara a marca de US$ 1 milhão.

Superior-geral da congregação, o espanhol Pedro Arrupe concluiu que era hora de reequilibrar as contas e, ao mesmo tempo, redefinir prioridades. Acreditava ser necessário, de um lado, voltar a intensificar o trabalho pastoral e social com os pobres, ofício que se confunde com a própria história da Companhia de Jesus. De outro, era preciso enfrentar com vigor a crise de vocações. Significava privilegiar os colégios e a formação de sacerdotes.

O objetivo geral da missão estava definido. Havia, porém, uma exigência expressa no processo: a administração da USAL deveria ser deixada para leigos. Com a experiência de quem, como os jesuítas, administrava uma rede de centenas de universidades e colégios em todo o mundo, Arrupe considerava que a Companhia de Jesus não precisava controlar três instituições de ensino superior na Argentina – a gestão jesuíta se estendia também às universidades católicas de Salta e Córdoba. Além do mais, em Buenos Aires, sede da USAL, operava a Universidade Católica Argentina. Parecia um excesso, para o superior-geral, que a cidade tivesse duas universidades católicas.

A delicada tarefa de reorganizar as finanças da congregação no país foi dada ao padre Jorge, superior provincial no país desde o ano anterior, 1973. Tocou com cuidado extremo o trabalho confiado a ele por Arrupe. Para salvar a província da insolvência e recolocar o caixa no azul, decidiu vender várias propriedades em todo o país – terrenos e casas antigas que exigiriam muito dinheiro para serem mantidos ou reformados. Enxugou a estrutura ao mínimo necessário, como era previsível a alguém que cultua a simplicidade.

O encargo mais sensível, de deixar a gestão da universidade, exigiu empenho especial. Ele escolheu a dedo os leigos a quem entregaria um pedaço da história da Companhia de Jesus na Argentina. Quando o processo foi finalizado, no mesmo ano de 1974, os jesuítas não tinham mais responsabilidades administrativas com a USAL, transferida para uma sociedade civil. Continuavam na universidade apenas como professores e cuidando do trabalho pastoral.

As decisões que o padre Jorge tomou para sanear as finanças contrariaram muitos integrantes da Companhia de Jesus. Rancores foram alimentados a cada movimento seu e tiveram, de acordo com gente de dentro da própria congregação, peso significativo no processo de isolamento ao qual vinha sendo submetido quando Nossa Senhora Desatadora dos Nós se revelou em suas mãos. Naquele momento, ainda não era tolerada por muitos, por exemplo, a transferência da USAL para uma sociedade civil, ocorrida quase 13 anos antes. Membros da comunidade continuavam considerando a decisão gesto inadmissível, de prejuízo institucional irreparável.

Apesar das fortes críticas, a troca de comando na universidade foi muito bem-sucedida. A instituição consolidou-se como referência no sistema de ensino superior na Argentina, e o padre Jorge construiu, com os novos gestores da USAL, um relacionamento sólido, sério e fraterno, o que permitia a ele, naquele momento, recrutar missionários para a sua nova devoção ali mesmo.

Teresa Di Naro aderiu à missão logo na primeira hora. Devota de Maria de corpo e alma, ficou bastante interessada pela Nossa Senhora diferente que acabara de conhecer. Na época, a maior parte de seu trabalho na USAL era externo. Quase todos os dias, visitava agências bancárias, escritórios públicos e privados e usava todo tipo de transporte. Esta rotina, pensou, permitia dar divulgação eficiente à Virgem. Assim, começou a espalhar os pequenos cartões. Distribuía onde pudesse: ônibus, táxis, trens, metrôs, escritórios, bancos, amigos, conhecidos, pessoas que tinham familiares doentes.

Seu empenho chamou a atenção de colegas de trabalho. Não demorou para Norma Schiavello, tão devota da Imaculada Conceição quanto Teresa, também pegar suas estampas e sair distribuindo a quem podia. Algo curioso acontecia, como escreveram em um registro histórico sobre como a devoção a Desatadora dos Nós se propagou: “Distribuíamos, distribuíamos, distribuíamos e os santinhos não acabavam nunca, sempre havia mais deles no armário onde guardávamos”. Em certo momento, sua profunda devoção a levou a uma conclusão: “Eu estava convencida de que Maria queria sair às ruas ‘vestida’ daquela maneira”.

Ariel Iacopino trabalhava na universidade. Promovia a devoção da Virgen del Carmen, como é chamada na Argentina Nossa Senhora do Carmo, também conhecida no Brasil como Virgem do Monte Carmelo.[17] Era terciário carmelita, título dado aos integrantes da Ordem Terceira do Carmo, a maior organização mariana leiga do mundo. Decidiu se juntar a Teresa e Norma no dia em que foi abordado por uma mulher, na entrada da Igreja de Santo Inácio, em Buenos Aires. Ela queria saber se ali se venerava a Desatadora dos Nós. Ficou intrigado com a pergunta, pois não havia lugar específico para cultuar a invocação. Além do mais, não imaginava que a Virgem do padre Jorge se tornara popular a ponto de procurarem um espaço para a Sua devoção. De qualquer forma, indicou àquela senhora onde poderia obter estampilhas da Santa: a USAL. Era o "*marketing* de formiga" funcionando.

Ao voltar à universidade, Ariel contou o episódio a Teresa e Norma e anunciou a decisão de também missionar a Desatadora. "A Virgem é a mesma", justificou, referindo-se ao fato de que todas as representações de Nossa Senhora são de uma única Maria.

A devoção começou a se espalhar com mais intensidade no final de 1987, quando o padre Jorge sugeriu à direção da universidade utilizar a imagem da Imaculada desfazendo seus nós no tradicional cartão de Natal da instituição, enviado todos os anos. Ele conhecia bem o grupo de leigos da administração da escola e sabia que a proposta não seria entendida apenas como simples ideia. Era o pedido feito por uma pessoa a quem quase nada podia ser negado.

Então, em dezembro, centenas de pessoas foram apresentadas à Desatadora dos Nós por meio do cartão com votos de feliz Natal enviado pela USAL. Para quase todos os destinatários, era uma imagem desconhecida de Maria, a mãe do Jesus cujo nascimento é reverenciado naquele mês.

A invocação singular da Virgem emergia aos olhos dos católicos argentinos, mas o homem que se empenhava em projetá-la seria jogado ainda mais no ostracismo na hierarquia da Companhia de Jesus. Pouco mais de dois anos depois, em junho de 1990, o comando da província tiraria dele a cadeira de teologia pastoral no Colégio Máximo de San Miguel para enviá-lo a Córdoba, distante quase 700 quilômetros de Buenos Aires. Celebraria missas e seria confessor na igreja contígua à Residência Maior da congregação na cidade. Era o golpe final. Uma espécie de exílio articulado com o propósito velado de blindar a comunidade jesuíta da capital argentina de sua natural liderança e forte influência. A manobra colocava em condição quase humilhante alguém que tinha uma história rica e irrepreensível na congregação. Coisas da milenar política católica. Ele voltava a ser um modesto padre de bairro.

---

[17] A devoção a Nossa Senhora do Carmo surgiu no século 13, na Palestina, no lugar conhecido como Monte Carmelo. Cristãos que participaram da campanha da Terceira Cruzada para conquistar a Terra Santa se instalaram nas grutas da região por volta de 1190 e, logo depois, criaram a Ordem do Carmo. Viviam como eremitas, inspirados pelo profeta Elias, que no século 9 a.C. se refugiou ali da perseguição do rei Acab, conforme relata o *Livro de Reis*, do *Antigo Testamento*. Veneravam, além de Jesus Cristo, a Virgem Maria. O uso do escapulário é um dos mais antigos legados da congregação para o catolicismo. Segundo a tradição, a Virgem do Carmo se revelou a São Simão em 1251 e pediu a ele que todos os carmelitas usassem o relicário para se proteger.

Capítulo 5

A volta do devoto número 1

Uma onda de fé, gigantesca e silenciosa, varria Buenos Aires, enquanto o padre Jorge Mario Bergoglio cumpria a espécie de castigo imposto pelos jesuítas argentinos. Da Residência Maior da Companhia de Jesus, na distante Córdoba, ele não podia imaginar a reputação extraordinária que ganhara a invocação de Maria saída de suas mãos para as ruas. Dia a dia, Nossa Senhora Desatadora dos Nós conquistava mais devotos por toda a cidade. A Santa, diziam os que tiveram graças alcançadas, era poderosa. Operava todo tipo de milagres: curava doentes, reconciliava pessoas, dava soluções a problemas financeiros e abria os caminhos para os desempregados.

O trabalho missionário de Teresa Di Naro, Norma Schiavello e Ariel Iacopino ganhara progressão geométrica. Quem recebia a estampa orava para a Virgem e pedia bênçãos a Ela. E quando alcançava uma graça, fazia a Sua fama entre as pessoas próximas. Transformava-se, de maneira natural, em missionário. O intuitivo "*marketing* de formiga" formara, assim, um exército de pessoas dedicadas a levar à frente a devoção. Os pequenos cartões apareciam por todo canto, como lembra Teresa no registro histórico que escreveu sobre como se deu a explosão de fé em torno da Desatadora dos Nós: "Por onde passávamos víamos um santinho. Em escritórios, metrôs, trens, táxis. Estavam nas mãos de colegas, amigos e gente que nunca tínhamos visto antes. As pessoas contavam sobre graças alcançadas, agradeciam a Ela e queriam divulgar para os outros. Pediam santinhos para distribuir".

A centenas de quilômetros dali, em Córdoba, padre Jorge vivia à margem de qualquer protagonismo. Como diz o ditado, "nunca se sabe o que um jesuíta está pensando". Ninguém sabia – e talvez jamais saiba – qual é o juízo exato feito por ele daqueles tempos difíceis. Raras vezes referiu-se ao episódio do seu isolamento e, em todas elas, procurou diminuir sua importância. "Sempre vai haver diferenças dentro da família, mas ela continua a ser uma e forte", comentou com um cardeal muito próximo, segundo relata a jornalista argentina Elisabetta Piqué, em *Papa Francisco – Vida e revolução*. Em 2014, também quebrou o silêncio, de forma sutil, para outros dois jornalistas argentinos, Javier Cámara e Sebastián Pfaffen, autores de *Aquel Francisco* (sem edição no Brasil). Definiu o período como "uma noite com alguma escuridão interior".

Religiosos da congregação especulam que, em Córdoba, ele vivia em condições equivalentes às de um cativo. Sua correspondência era controlada e algumas ligações telefônicas dirigidas a ele, bloqueadas.

Foi do quarto identificado com o número 5, um cubículo mal iluminado e barulhento, de nove metros quadrados, localizado na Residência Maior de Córdoba, lugar sem banheiro privativo e aquecimento, que o "*marketing* de formiga" para promover a Desatadora dos Nós continuaria operando. A Santa era a companhia habitual do padre Jorge nos breves momentos em que ele não estava cuidando de jesuítas idosos e doentes do lugar ou estendendo a mão para ajudar a alguém. Sempre tinha à mão, em seu confessionário ou no bolso da batina, um cartão de Maria desfazendo nós. As estampilhas continuavam sendo enviadas junto das muitas cartas que disparava, e a Santa era lembrada, em especial, nas suas três horas diárias de orações. Foi assim durante longos 22 meses, entre julho de 1990 e maio de 1992.

Os primeiros raios de luz lançados sobre a "noite de escuridão interior" brilhariam no dia 13 de maio de 1992. Então, o monsenhor Ubaldo Calabresi, núncio apostólico na Argentina – representante diplomático do Vaticano no país –, pediu para conversar com o padre Jorge em um lugar incomum, o aeroporto de Córdoba. Seria durante a rápida escala de voo que faria na cidade.

Conforme contou a Sergio Rubin e Francesca Ambrogetti em *O papa Francisco – Conversas com Jorge Bergoglio*, eles falaram sobre vários assuntos de interesse da Igreja Católica na Argentina. "Quando o avião estava para decolar para Buenos Aires e avisaram que os passageiros tinham que se apresentar para o embarque, informou-me: 'Ah, uma última coisa... você foi nomeado bispo auxiliar de Buenos Aires e a designação será publicada dia 20'. Assim, contou-me como se nada fosse", lembrou aos autores do livro.

Fora reabilitado pelas mãos de alguém que não pertencia à Companhia de Jesus e, portanto, não estava envolvido pela acirrada disputa política interna da congregação: o cardeal Antonio Quarracino (☆1923†1998), arcebispo de Buenos Aires. Ele não teve vida fácil para convencer a Cúria Romana a levar o auto de nomeação até o papa João Paulo II. Teve de usar todos os seus instrumentos de persuasão na defesa do homem que queria ao seu lado. E não eram poucos. Afinal, acompanhava com atenção a trajetória do filho de imigrantes italianos, como o próprio Quarracino, desde 1973, quando assumira o cargo de superior provincial dos jesuítas na Argentina. O arcebispo sabia por que precisava daquele homem como o seu braço direito.

Na tarde do dia 27 de junho de 1992, um sábado, padre Jorge estava na Catedral Metropolitana de Buenos Aires para receber a sua ordenação episcopal das mãos de Quarracino, do núncio apostólico Calabresi e do arcebispo de Mercedes-Luján – por coincidência, denominações de duas das Virgens de sua devoção –, monsenhor Emilio Ogñenovich. Embora fosse um personagem relevante entre os jesuítas, era pouco conhecido pela maior parte do clero argentino, razão pela qual atraiu o interesse de muitos religiosos.

Além de bispo auxiliar de Buenos Aires, seria o bispo titular de Auca.[18] Ao assumir os dois novos cargos, desligara-se da Companhia de Jesus, que oferecera o melhor e o pior de sua vida religiosa até então.[19] Dias depois de sua sagração, ainda ganharia um presente: fora nomeado vigário episcopal de Flores, bairro em que nasceu e viveu toda a adolescência, e no qual está a Basílica de São José de Flores, lugar onde, pouco antes de completar 17 anos, na primavera de 1953, decidiu que seria sacerdote.

O padre Omar Di Mario estava entre as pessoas que lotavam a catedral no dia da cerimônia. Estava ali por uma razão especial: também sagrava-se bispo Raúl Rossi (✩1938 † 2003), personagem de grande importância em sua vida espiritual – foi quem o levou para o seminário. Ele se lembra com detalhes da surpresa causada pelo padre Jorge na maior parte das pessoas presentes quando cumpriu o ritual bastante comum, na Argentina, nas solenidades de ordenação episcopal: o novo bispo sempre distribui santinhos às pessoas presentes, uma recordação do momento especial em sua vida de fé. Os do padre Jorge, claro, eram da Virgem Desatadora dos Nós.

– Poucas pessoas conheciam aquela acepção de Maria. Eu não conhecia e a quase totalidade do clero que estava ali também não. Por isso, muitos se perguntavam: 'De onde saiu esta invocação?'. Ouvi alguém dar uma explicação genérica: 'Deve ser coisa de jesuíta' – recorda o padre Omar.

Não era coisa de jesuíta. O "*marketing* de formiga" estava de volta a Buenos Aires. E com força total.

---

[18] Nomeado bispo, padre Jorge Mario Bergoglio deveria ser titular de uma diocese, em cumprimento ao Código de Direito Canônico – o conjunto de normas jurídicas que regulam a organização e o funcionamento da Igreja Católica. Assim, o papa João Paulo II nomeou-o bispo de Auca, diocese sem jurisdição territorial desde 1075, quando foi absorvida pela atual Arquidiocese de Burgos, na região Norte da Espanha. Criada no final do século 6, no minúsculo vilarejo chamado hoje de Villafranca Montes de Auca, é uma das dioceses históricas mais antigas da Europa e só existe no papel. Padre Jorge foi bispo de Auca de junho de 1992 a fevereiro de 1998, quando, com a morte de Antonio Quarracino, assumiu o posto de arcebispo metropolitano de Buenos Aires.

[19] Consagrado bispo, Jorge Mario Bergoglio teve de deixar a Companhia de Jesus. Isso porque os jesuítas, além dos votos vitalícios de pobreza, obediência e castidade, comuns aos sacerdotes do clero regular, fazem os de obediência ao Sumo Pontífice e os de renúncia a dignidades – como são considerados os títulos de cardeal e arcebispo, por exemplo. Esta última regra foi criada por Santo Inácio de Loyola, fundador da congregação, para impedir que seus integrantes se lançassem em disputas por postos na hierarquia da Igreja Católica, como era comum à época, século 16. Nomeado bispo, padre Jorge enjeitou a indicação. João Paulo II pediu, então, que cumprisse o voto de obediência ao Papa e recebesse o título. Ao aceitar o cargo, desligou-se da congregação, embora não tenha deixado de ser jesuíta. Especialistas apontam que um conflito de autoridades seria estabelecido, caso fosse possível aceitar a dignidade sem deixar a congregação. Quando um religioso é nomeado bispo, passa a se reportar de forma direta ao Papa. Os jesuítas não aceitam a superposição hierárquica, não admitem que seus membros respondam, ao mesmo tempo, ao seu superior – o provincial do país e o superior-geral, no caso da Companhia de Jesus – e ao Pontífice.

Capítulo 6

Um cantinho para a Virgem

Corria 1996 e se passaram dez anos desde que o padre Jorge Mario Bergoglio pedira ajuda para promover a devoção da Santa que lhe chegara às mãos em um cartão de Natal enviado da Alemanha. Em toda a Buenos Aires, não havia católico que ao menos não tivesse ouvido falar dos poderes de Nossa Senhora Desatadora dos Nós. A Virgem conquistara uma legião de fiéis, mas as pessoas não tinham como acorrer a Ela. A fama parecia ter driblado os canais regulares da Igreja Católica argentina, pois, em toda a cidade, não era possível encontrar uma capela que fosse dedicada a receber seus devotos.

Naquela época, Ariel Iacopino, um dos três fiéis que iniciaram o trabalho missionário da invocação, já não usava apenas os santinhos. Seu melhor instrumento de promoção da Virgem passara a ser uma imagem que mandara ampliar e emoldurar. O quadrinho era carregado para todo lado, levado às casas das pessoas. Com ele, conseguia atender, em especial, aos pedidos de idosos e doentes, que, além de orar, queriam tocar no retrato. O modesto quadro fora transformado em autêntica relíquia para gente de fé. Ariel mantinha uma agenda para organizar as visitas, mas a demanda cresceu tanto que em certo momento não dava mais conta de atender aos pedidos. Estava marcando visitas com alguns meses de antecedência.

Em um dia de julho de 1996, ele procurou Teresa Di Naro, sua companheira de missão, e pediu socorro. Precisava de ajuda para continuar levando a Desatadora dos Nós a quem pedia, pois não conseguia mais acolher tantos pedidos. A solução, acreditava ele, era ter mais gente indo de casa em casa. Ariel contou a Teresa o que vinha escutando já há algum tempo: as pessoas começavam a pedir um lugar para venerar a Santa. Não queriam mais esperar até que o quadrinho fosse até elas. Desejavam poder ir até Ela. O "*marketing* de formiga" ficara pequeno para tanta devoção.

Teresa teve uma ideia. Chamou Ariel e Norma Schiavello para perto e, com a *Bíblia* nas mãos, propôs: "Vamos ver o que nos diz o Senhor". Juntos, abriram o livro. Deram com uma página do *Novo Testamento*, no livro do *Evangelho de São João*, no qual é descrito o primeiro dos milagres de Jesus, a transformação de água em vinho nas Bodas de Caná da Galileia.[20] Ele, seus discípulos e sua mãe estavam na festa. Quando a bebida acabou, Maria se dirigiu a Jesus e disse: "Eles não têm mais vinho" (2, 3). Depois, foi aos serventes da casa onde se realizava a festa de casamento e ordenou: "Façam tudo o que ele lhes disser" (2, 5). Para Teresa, Ariel e Norma, o recado do Senhor era claro: "Jesus disse: eis a tua mãe".

Seja qual tenha sido o modo como entenderam a mensagem, que pode parecer cifrada para muitos, concluíram: não era mais possível promover a invocação apenas com estampas e o quadrinho levado de casa em casa. Decidiram procurar um padre que permitisse colocar em sua igreja a imagem daquela representação de Nossa Senhora. Ou, como diria Teresa, a Virgem "vestida" como Desatadora dos Nós.

---

[20] O episódio das Bodas de Caná, descrito no *Evangelho de São João* (2, 1-11), está na origem da própria condição de intercessora de Maria. Ela intervém junto a Jesus, o Deus encarnado, para resolver o problema da falta de vinho na festa de casamento e é atendida por Seu filho. Assim, passa a ser considerada Aquela que intercede em favor dos fiéis junto a Deus; A que leva a Ele o pedido de ajuda das pessoas para resolver seus problemas. As Bodas de Caná foram tema da catequese do papa Francisco na Audiência Geral da Praça de São Pedro, em 8 de junho de 2016. Parte da fala do Pontífice foi dedicada à

orientação que Maria dá aos servidores depois de informar ao filho que o vinho acabou. "É curioso: são as suas últimas palavras narradas pelos *Evangelhos*. São a herança que Ela entregou a todos nós", disse Francisco. "Também hoje Nossa Senhora diz a todos nós: 'Fazei o que Ele – Jesus – vos disser'. Eis a herança que nos deixou: é bonito!", completou o Papa.

Capítulo 7

A serviço de Nossa Senhora

No final do inverno de 1996, Teresa Di Naro, Norma Schiavello e Ariel Iacopino andavam com a alma inquieta. Ainda não haviam encontrado um lugar onde a imagem de Nossa Senhora Desatadora dos Nós pudesse ser venerada sem hora marcada.

Naquele tempo de alta ansiedade, Teresa encontrou uma conhecida de alguns anos, Ana María Berti de Betta. Ela era esposa de Enrique Antonio Betta, vice-reitor da Universidade do Salvador (USAL) e presidente da sociedade civil que assumira a gestão da instituição na primeira metade da década de 1970, quando os jesuítas decidiram deixar o comando para se dedicar às tarefas apostólicas, consideradas prioritárias. Teresa sentiu-se à vontade para desabafar. Sabia que tinha diante de si uma fiel mariana, tão devotada quanto ela, que se revelava logo ao se anunciar: ostentava o nome da Virgem e também o da mãe Dela.[21]

Teresa desfiou todo o rosário de dificuldades que vinham enfrentando: o empenho diário de Ariel, missionando apenas com a reprodução da imagem da Santa fixada na moldura improvisada; os pedidos de fiéis para encontrar um lugar no qual pudessem venerar a Maria milagrosa; a maratona por igrejas em busca de espaço para Ela; e a última esperança, a Igreja de San José del Talar, no bairro de Agronomía, em Buenos Aires, onde era paroquiana. Ainda contava os últimos detalhes da sua história de adversidades quando Ana María a interrompeu:

– Eu pinto o retrato.

Os números eram parte do dia a dia de Ana María. Ela é formada em ciências econômicas, mas sempre sentiu forte atração pela pintura, razão pela qual dedica boa parte do seu tempo livre aos pincéis, talento que alguns poucos na USAL conheciam. Não se tornara profissional das artes plásticas por mera circunstância: a vocação despertara quase ao mesmo tempo à que tem pelos números, mas à época, na década de 1970, pintar não era um ofício considerado promissor. Apesar de enxergar a pintura apenas como *hobby*, tinha formação invejável. Desenvolveu seu talento nato com o mestre Jorge Melo e também estudou com a aquarelista Lola Frexas, ambos reconhecidos artistas argentinos. Depois, ainda aprimoraria sua técnica com Guillermo Roux, importante pintor portenho.

A Desatadora dos Nós era familiar a ela há muitos anos. Estava entre os milhares de pessoas presenteadas com um santinho pelo "exército de formigas" – no caso dela, a mais especial de todas, o próprio padre Jorge, a quem conheceu por intermédio do homem que viria a ser o seu marido.

Ele era superior provincial dos jesuítas. Já Enrique, presidente da Associação Civil Universidade do Salvador, responsável pela administração da escola desde o ano anterior. Em 1975, Ana María foi convidada pelo noivo a acompanhá-lo a um evento público, a entrega da Carta da Irmandade da Companhia de Jesus, prêmio anual conferido pelos jesuítas, o reconhecimento público a laicos que dão importantes contribuições à congregação. Enrique falava sempre com entusiasmo do provincial e queria apresentá-lo à sua noiva.

– Quando chegamos ao lugar do evento, perguntei quem era ele e Enrique apontou para um grupo de rapazes, todos muito jovens e alegres. Eu não conseguia identificar ali o chefe dos jesuítas. Na minha cabeça, o provincial deveria ter cabelos brancos e ser reverenciado pelos outros; um homem de muita idade e respeito. Mas não. Ele era um dos rapazes do grupo, deveria ter uns 38 anos na época. Fiquei até desapontada – recorda ela, rindo do episódio.

Poucos meses depois, no dia 20 de dezembro daquele 1975, o jovem provincial celebrava o casamento de Enrique e Ana María na Igreja da Universidade do Salvador. Mais de 40 anos depois, ela se emociona ao lembrar das palavras ditas naquele dia pelo padre que hoje é o papa Francisco.

– Ele disse que nós nunca devemos deixar de sonhar juntos. Ele comigo, eu com ele. E mais: devemos sempre tentar fazer da pessoa ao nosso lado um ser humano melhor.

Depois desse dia, não demorou nada para ele se tornar seu confessor e mentor espiritual.

Filha de uma família de fortes raízes católicas e devota fervorosa da Imaculada Conceição, até onde sua mais remota lembrança pode alcançar, Ana María tinha motivações de sobra para, de impulso, oferecer-se a fazer o quadro.

– Algumas vezes nos sentimos tocados pelo sopro de Deus. A conversa com Teresa foi uma dessas vezes. Eu soube que deveria pintar a Virgem no mesmo instante. E fiquei entusiasmada para fazer aquilo. Era difícil, claro, mas meu coração dizia: 'Nossa Senhora vai te ajudar'.

A firmeza dela em assumir a tarefa confortava os corações sobressaltados de Teresa, Norma e Ariel. Estava resolvida a questão que ainda nem entrara na lista de prioridades dos três. Embora procurassem há algum tempo pela igreja que aceitasse receber a imagem da Desatadora dos Nós, não atentaram ao ponto óbvio: o modesto quadrinho com o qual Ariel missionava de casa em casa não era adequado para ser venerado em um espaço público. Estava descartado.

A artista começou a trabalhar no minuto seguinte. Antes até de Teresa conversar com o pároco de San José del Talar, foi conhecer o único espaço livre na igreja para abrigar o retrato. Era uma parede branca, à esquerda da entrada. Ela olhou, tomou algumas medidas e, contagiada pelo entusiasmo, disse que começaria a pintar no fim de semana seguinte.

Alguém poderia definir sua atitude como precipitada. Afinal, ninguém sabia se o padre autorizaria a colocação do quadro trazido por devotos na parede da igreja – outros haviam reprovado a ideia. Mas não era mais possível voltar atrás, pelo menos para Ana María. Ela estava convencida de que Nossa Senhora estaria na parede de San José del Talar. Assim, no penúltimo sábado de setembro de 1996, no espaço da sua casa transformado em ateliê da Virgem, deu as primeiras pinceladas na tela em branco.

---

[21] Segundo o *Protoevangelho de Tiago*, um dos primeiros e raros textos que descrevem passagens da vida de Maria antes do anúncio de sua gravidez pelo anjo Gabriel, seus pais chamavam-se Ana e Joaquim. Também conhecido como *Livro de Tiago*, *Evangelho de Tiago* e *Evangelho da Infância segundo Tiago*, entre outros menos usados, é um texto tido como apócrifo, ou seja, de autoria incerta (apesar da coincidência do nome, seu autor não é o evangelista), razão pela qual não é reconhecido pela Igreja Católica e não está listado entre os *Evangelhos Canônicos* do *Novo Testamento*, os escritos por Mateus, Marcos, Lucas e João, considerados como inspirados por Deus e que transmitem de maneira autêntica a tradição apostólica.

Capítulo 8
A ponta do *iceberg*

– Vou falar com o cardeal.

Essa foi a melhor resposta encontrada pelo padre Rodolfo Arroyo para dar aos três fiéis que o procuraram no primeiro dia da primavera de 1996. O pedido de Teresa Di Naro, Norma Schiavello e Ariel Iacopino, aos seus olhos, parecia extravagância pura: colocar em uma das paredes da igreja a imagem de Nossa Senhora Desatadora dos Nós.

Ele se ordenara há quase dez anos e nunca tinha ouvido nada parecido. Assumira, seis meses antes, o posto de pároco de San José del Talar e não tinha a menor ideia de como tratar a questão. Era natural que ficasse confuso diante do pedido. O rápido e intuitivo "vou falar com o cardeal", que respondeu aos devotos, era uma forma de não decepcionar quem esperava ter o seu desejo abraçado pela Igreja Católica.

– Eu havia acabado de assumir a paróquia, tinha pouca experiência e não sabia como fazer. Na verdade, nem fazia ideia se era permitido fazer aquilo – lembra.

Devoto fervoroso da Virgem de Luján, padroeira da Argentina, e habituado às gigantescas manifestações de fé em torno Dela, o sacerdote dormiu alguns dias com suas dúvidas antes de ir ao cardeal. Será que aquela representação da Imaculada tinha tantos devotos assim? Justificaria criar um espaço exclusivo para Ela ser venerada? Padre Rodolfo não imaginava – na verdade, ninguém poderia supor – que os três eram apenas a ponta do *iceberg*. Um invisível, silencioso e imenso *iceberg*.

Muita coisa mudara desde que o padre Jorge Mario Bergoglio recebeu o retrato da Desatadora estampado no cartão de Natal enviado da Alemanha, dez anos antes. Se em dezembro de 1986 mal se encontrava quem conseguisse falar de maneira correta o nome grafado no santinho (qualquer latino poderia travar a língua diante da tentativa de pronunciar Maria Knotenlöserin), agora a Santa era tratada de forma íntima pelos seus devotos: la Virgen que Desata los Nudos passara a ser apenas a *Desatanudos*, contração de duas palavras em espanhol que não tem tradução literal para o português. A maior parte dos sacerdotes conhecia a invocação apenas de forma superficial, mas Ela estava nas orações de uma legião incalculável de fiéis. Gente cujos rostos só quem operou o "*marketing* de formiga" – a distribuição de cartõezinhos de mão em mão – identificava com clareza.

Nora Mabel Castro era uma dessas pessoas. No livro *Papa Francisco – Vida e revolução*, a jornalista argentina Elisabetta Piqué narra a sua história. Ela conheceu o padre Jorge em 1980, na Igreja do Patriarca San José – uma das cinco que ele ergueu em San Miguel, na Grande Buenos Aires, quando foi reitor do Colégio Máximo. Nora dava aulas de catecismo e fazia parte do grupo de pessoas que ajudava, por solidariedade e prazer pessoal, nas muitas obras sociais criadas ali. Os dois construíram uma forte relação de respeito e amizade, a ponto de ela tê-lo escolhido para celebrar o seu casamento, em 1988, antes de ele ser enviado para o "exílio" de Córdoba.

Cinco anos depois, seu marido morreu em um acidente automobilístico e ela se viu diante do desafio de criar os três filhos sozinha. Já de volta a Buenos Aires como bispo auxiliar, padre Jorge a chamou para conversar. Queria saber como ia se virar para cuidar das crianças. Ouviu que as dificuldades estavam batendo à porta – o dinheiro da pensão era insuficiente e precisava, com urgência, de emprego. Pediu a ajuda do bispo para arrumar um trabalho.

Elisabetta Piqué conta, em seu livro, que ele apelou ao bom senso de Nora. Como poderia deixar as crianças para ficar o dia todo fora de casa? Comprometeu-se a ajudar de outra maneira e conseguiu convencê-la a desistir da ideia do emprego. Desde aquela conversa, todos os meses ela passava pela arquidiocese para retirar um envelope deixado por ele. Dentro, dinheiro para as despesas e dois santinhos, um deles da Desatadora. Nora se tornou parte da legião de devotos anônimos de Maria Desatanudos.

A Virgem que encantava Teresa, Nora e Ariel não era de todo estranha ao padre Rodolfo Arroyo, a última esperança deles para encontrar uma parede onde Ela pudesse ser venerada. Em dezembro de 1993, três anos antes da conversa com os devotos que queriam a Virgem na igreja, ele enviara ao padre Jorge um cartão no qual desejava bom Natal e próspero ano novo. Recebeu, dias depois, em retribuição dos votos, uma estampa da Desatadora e a mensagem inspiradora ao homem a quem Ela se revelou anos antes: "O nó que todos carregam por desobediência, Maria desata com sua obediência".

O pároco de San José del Talar fez uma única exigência aos três: se o cardeal aprovasse a colocação da imagem na igreja, não poderia haver custo algum. A situação financeira da paróquia, pontuou ele, era muito ruim. Uma dificuldade adicional para quem não tinha nada – lugar, imagem e, menos ainda, dinheiro. Teresa se recorda bem do encontro, no dia 21 de setembro de 1996, sábado. Os três deixaram um santinho com a imagem da Virgem Desatadora dos Nós sobre a mesa do escritório paroquial e fizeram o pedido a Ela: se quisesse ser venerada ali, não poderia custar nada.

Padre Rodolfo se recorda que, quando foram até ele, os três já haviam passado por algumas igrejas.

– Foram rejeitados antes em outras paróquias, disseram-me isso.

Mas promessa é promessa, e ele dissera que consultaria o cardeal.

Capítulo 9
O padre, o cardeal e o bispo

Quem podia autorizar o pedido que o padre Rodolfo Arroyo levava era o cardeal Antonio Quarracino, arcebispo metropolitano de Buenos Aires à época, o mesmo que resgatara Jorge Mario Bergoglio do desterro de Córdoba e o alçara ao bispado, alguns anos antes. O pároco de San José del Talar foi tateando. Não sabia qual seria a reação do cardeal se entendesse que colocar na igreja o retrato trazido por devotos era um despropósito – ou exotismo, como ele mesmo chegara a acreditar. A resposta que ouviu estava longe de ser a temida reprimenda.

– Desatanudos é de Bergoglio, fale com ele. A minha é a Virgem de Luján – rebateu de pronto o arcebispo.

Padre Rodolfo dá uma saborosa gargalhada quando recorda a reação de Quarracino. Era como se as Nossas Senhoras tivessem donos, pertencessem cada uma a um deles. Que fosse assim. E lá foi ele conversar com o bispo auxiliar, o "dono" da Desatadora.

Exceção feita à gentil troca de votos de bom Natal de três anos antes, o pároco de San José del Talar nunca tivera um relacionamento mais próximo com o padre Jorge, que também acumulava o cargo de vigário-geral, representante do arcebispo na administração eclesiástica. Trataram de questões pastorais pontuais algumas poucas vezes.

Sabia que fora ele, dez anos antes, quem começara a promover a invocação. Ainda assim, de novo, chegou cheio de cuidados. Falou sobre os três fiéis, o desejo deles, alertou para o fato de a igreja ser pequena, estar em um bairro residencial, e, por fim, confessou que não sabia como tratar daquilo, se podia colocar lá uma imagem levada por devotos – e se cada católico quisesse levar a sua? Com a autoridade de bispo auxiliar e vigário-geral e seu bom humor típico, padre Jorge resolveu a questão em segundos. Sorrindo, disse: "Não me meta nisto. Se o cardeal autoriza e você está de acordo, está tudo bem. A imagem é belíssima".

A questão estava resolvida. Por caminhos imponderáveis, o homem que dez anos antes tivera a alma sacudida pela representação desconhecida da Imaculada Conceição estampada no cartão postal fechava um ciclo. Dava o sim definitivo para que a Desatadora dos Nós tivesse Seu lugar para receber fiéis. Espaço para ouvir dramas e orações; canto para acolher sua gente, receber pedidos para interceder junto a Deus por seus filhos. Logo, a Santa se mostraria em uma das paredes de San José del Talar, pronta para levar às pessoas a mensagem que tocou de maneira profunda o coração de seu devoto número 1 em um momento de escuridão da alma: não há outro caminho a ser percorrido que não o da fé.

Capítulo 10
Conversas com a Virgem

Nossa Senhora Desatadora dos Nós teria, enfim, um lugar só Dela. E não poderia haver melhor dia para instalar o seu retrato na Igreja de San José del Talar, na periferia de Buenos Aires, que o 8 de dezembro daquele ano, 1996. A sugestão, do padre Rodolfo Arroyo, tinha um motivo muito forte. Desde 1854, quando os exploradores espanhóis e portugueses nem mesmo haviam ancorado suas caravelas na América pela primeira vez, o dia 8 de dezembro é consagrado pelo catolicismo à Imaculada Conceição.[22]

Tudo deveria estar pronto até lá, e restavam pouco mais de dois meses. Apesar da urgência, as coisas iam se encaixando no ritmo das necessidades, com muita rapidez. Destino, diriam os céticos. A mão de Maria, tinham certeza Teresa Di Naro, Norma Schiavello, Ariel Iacopino e Ana María Berti de Betta.

No ateliê da Virgem, em sua casa, Ana María enfrentava, já há alguns dias, o desafio de trazer a Desatadora à luz. Vinha dedicando cada minuto livre para produzir a réplica do quadro que está na Alemanha. Esse tempo estava concentrado nos fins de semana.

A artista conhecera a obra original, em Augsburg, no ano anterior, e já fizera uma primeira réplica para a Universidade do Salvador (USAL) em 1993. Foi quando a instituição decidiu adotar a Santa como sua padroeira, motivada por toda a mobilização aflorada dali para as ruas de Buenos Aires. Na Igreja de St. Peter am Perlach, constatara que, de forma intuitiva, fizera a cópia de Maria Knotenlöserin para a USAL em tamanho quase igual.

As dimensões reais do quadro original, porém, eram a única orientação para a sua nova jornada. Em Augsburg, vira uma tela enegrecida pela ação do tempo sobre tintas compostas de forma artesanal, com os escassos recursos disponíveis quando foi pintada. Seria impossível até ao mais conceituado especialista identificar com precisão as tonalidades das cores usadas quase 300 anos antes. Nem mesmo as estampas distribuídas pelas "formigas" do padre Jorge poderiam ajudar a definir os matizes. Eram cópias que usaram outras cópias como matriz: os santinhos trazidos da Alemanha, impressos quando a obra original já não tinha o vigor plástico da época de sua criação. O cartãozinho de 10 cm x 15 cm usado como modelo, portanto, daria apenas noções básicas dos personagens e de seus gestos e do contraste entre áreas de luz e escuridão. Sairia da intuição da artista toda a coloração do quadro, desde o azul do manto de Nossa Senhora até o branco da asa do arcanjo, na base da tela.

O trabalho de Ana María começara no primeiro dia da primavera de 1996, por coincidência, o mesmo 21 de setembro em que Teresa, Norma e Ariel foram pedir ao padre Rodolfo para colocar a imagem na igreja. Partia para uma espécie de aventura, como define mais de 20 anos depois:

– Quando me coloco à frente do quadro em branco, nunca sei o que vai surgir. Me entrego a algo desconhecido.

Sozinha diante da tela de linho de 1,70 m de altura por 1,10 m de largura, iniciou o trabalho com um ritual. Fechou os olhos, rezou a Ave-Maria e conversou com a Virgem em voz alta, como se estivesse falando com alguém à sua frente. Pediu ajuda. Implorou a Ela que guiasse sua mão direita, a usada para empunhar o pincel, em cada centímetro quadrado do pedaço de tecido, para conseguir retratá-la não apenas da maneira pela qual aparecia no original alemão, mas em especial como quisesse ser vista pelas pessoas. Ana María começava a compor uma réplica, mas sabia que o encantamento estava nos detalhes. Essa sutileza, tinha certeza, seria a inspiração da Imaculada.

Com a estampa que fez fama entre os fiéis católicos na mão esquerda e um bastão de carvão mineral na outra, começou a desenhar na tela sobre a qual dera a primeira demão de base de cor.

– Joguei todo o amor que sinto por Maria na tela em branco. Eu conversava com Ela pelo coração. A resposta vinha silenciosa, mas eu sentia – conta.

No dia seguinte, um domingo, retomou o trabalho logo cedo. Voltou a pedir que a Virgem assumisse o controle de cada gesto seu. De olhos fechados, orou diante da tela. À noite, Nossa Senhora Desatadora dos Nós começava a ganhar forma diante dos olhos da artista.

A primeira indicação de que estava trilhando o caminho certo veio na manhã seguinte, segunda-feira, quando se preparava para ir ao trabalho. Uma amiga passou por acaso em sua casa e, quando olhou a tela, não conseguiu disfarçar a emoção. Disse que a imagem – ainda esboçada, apesar de definida com clareza – provocou nela grande comoção. Isso bastou para Ana María ter a certeza de que suas orações começavam a ser atendidas. A Virgem se mostrava, por meio de sua mão, da forma como queria ser vista.

Enquanto a tela ganhava contornos cada vez mais definidos, Teresa procurava dar jeito para superar outra barreira. Era preciso construir o pequeno altar na parede em que ficaria o quadro da Imaculada, à esquerda da entrada da igreja. A obra era modesta, mas padre Rodolfo alertara desde o início: o dinheiro estava curto e a paróquia não tinha como ajudar. O apoio veio de pessoas que se contagiaram pela movimentação à qual assistiam em torno da Santa, em especial na USAL. Na época, a universidade fazia uma obra por meio de empreiteira contratada. Não demorou para o engenheiro Edgardo Di Tullio e o arquiteto Santos Greco, ligados à empresa, oferecerem o projeto e o material necessário. O profissional para construir o altar apareceu como que por encanto, e não faltou nem mesmo quem doasse a placa de vidro usada para proteger o quadro que Ana María fazia.

Em outra frente, padre Rodolfo tratava de organizar a festa marcada para o dia 8 de dezembro, solenidade chamada pela Igreja Católica de entronização. Para ele, parecia evidente que o bispo auxiliar, o devoto número 1 da Virgem Desatadora, celebraria a missa no dia festivo. A proposta, assim, foi um passo natural do processo. Voltou à arquidiocese apenas para confirmar o que entendia como lógico. Foi surpreendido outra vez.

– Não, não, de jeito nenhum – disse o padre Jorge.

Ele ainda tentou argumentar, lembrando ao bispo a maneira pela qual a devoção se espalhou pela cidade.

– Você divulgou tanto esta invocação com as estampilhas, deveria fazer a entronização. E os três que trabalharam duro para dar um lugar a Desatanudos sabem quem começou isto tudo.

Nada faria o padre Jorge mudar de ideia. Nunca lhe agradou o papel de protagonista, ainda mais em situações como aquela, uma solenidade festiva. Ele encerrou a conversa usando sua autoridade:

– Faça você, que é o pároco. Use a frase de Santo Irineu – 'O que Eva atou com sua desobediência, Maria desatou com sua obediência a Deus'. Cite isso e nada mais.

Padre Rodolfo saiu do prédio do arcebispado com uma dúvida e uma certeza. Perguntava-se por que o bispo, mesmo tendo sido quem revelou a Desatadora dos Nós a Buenos Aires, abrira mão de fazer a entronização do quadro em San José del Talar – talvez se conhecesse, na época, um pouco mais da natureza de Jorge Mario Bergoglio, soubesse a resposta. Contudo, era certo para ele que, como um simples pároco de igreja de bairro, fazer a cerimônia citando apenas a frase de Santo Irineu era pouco.

No ateliê da Virgem, Ana María empenhava-se para cumprir o apertadíssimo prazo que tinha. Todo sábado e domingo era a mesma coisa: iniciava sua jornada à frente do cavalete às 8h da manhã e se estendia até as 22h, com uma breve pausa para o almoço. O seu envolvimento com a obra parecia adquirir dimensões extrassensoriais.

– Ficava ansiosa para chegar o fim de semana e poder ficar frente a frente com a imagem de Desatanudos, dar forma, moldar. Eu sentia a Sua presença espiritual. E tinha com Ela diálogos que não consigo explicar com palavras. Cada encontro era uma imensa sensação de paz, serenidade, equilíbrio interior. Eu me alienava do mundo ao meu redor.

Desde que começara o trabalho, Ana María se preocupava de maneira particular com o delicado momento de dar rosto à Imaculada. Seria o ponto mais sensível de toda a obra. Ela não perdia de vista o fato de que era uma réplica – o quadro deveria ser, portanto, o mais fiel possível ao original alemão. Mas as nuances inquietavam a artista. Ao chegar o dia de dar forma às feições da Santa, fez um pedido especial na sua oração.

– Supliquei a ajuda Dela para descobrir os traços mais doces. Meu desejo era que irradiasse paz a quem visse.

Seu sentimento era de apreensão quando empunhou o pincel para compor a face da Virgem. Espremida pelo calendário cada vez mais curto – o dia 8 de dezembro aproximava-se –, estava certa de que pelo menos um dia inteiro seria tomado para revelar a expressão de ternura e serenidade imaginada. Aquela face deveria aquietar a alma de quem a contemplasse. Paleta de tintas na mão esquerda, pincel na direita, começou.

– Tudo aconteceu com rapidez incrível. Em menos de 15 minutos estava pronto. Olhei surpresa, mas pensei: 'Depois retoco'. Muitos artistas têm uma regra. Pintar e olhar alguns dias depois. Quando voltam para ver o resultado, enxergam como se fossem outra pessoa. É assim que os defeitos aparecem. Fiz isso.

Mas quando Ana María voltou para tentar encontrar as imperfeições e corrigi-las, teve uma segunda surpresa. Não havia defeito algum. Por mais que tentasse achar falhas, via espontaneidade, beleza, doçura e placidez. A face da mãe de Deus estava pronta.

– Eu consegui fazer do jeito que Ela queria ser vista. E não levei 15 minutos. Não acreditei – diz a autora da obra.

O tempo para produzir foi justo. Na primeira semana de dezembro de 1996, Nossa Senhora Desatadora dos Nós resplandecia aos olhos da artista. Era necessário emoldurar o quadro, mas Ana María tinha dado jeito para acelerar este passo, pensando no tempo escasso. A tela, de formato igual à original alemã, abobadada na parte superior, é bastante incomum. Significava que não encontraria moldura pronta; seria necessário fazer sob medida. Por isso, ainda quando estava compondo a obra, tirou o modelo da tela em papelão e levou-o a um carpinteiro para adiantar a confecção da guarnição. Depois de pronta, essa moldura foi levada para ganhar o acabamento final, conhecido como douração, técnica muito usada na Europa entre os séculos 17 e 18 – folhas finas de ouro, da espessura de um papel laminado, são aplicadas à madeira.

Dois dias antes de o quadro ocupar o nicho reservado a ele em San José del Talar, Ana María pediu a ajuda do marido, Enrique Antonio Betta, para levá-lo até o lugar onde seria encaixado à moldura. A obra era transportada de forma improvisada – a artista, sentada no banco traseiro do carro, ajudava a apoiar o quadro com todo o cuidado, para evitar o contato da tinta, ainda fresca em algumas áreas, com outra superfície. Em certo ponto do trajeto, quando atravessavam um semáforo, outro veículo cruzou o sinal vermelho na perpendicular. Enrique freou de maneira brusca para evitar o choque. Com o movimento, Ana María bateu com os joelhos sobre o encosto do assento onde a obra estava ajustada. Na hora teve a clara sensação de que a tela fora atingida.

– Estragou! Eu não consigo fazer outra em dois dias nem que fique sem dormir – reagiu a artista, antes de avaliar o prejuízo.

Ele estacionou e foi checar o tamanho do dano. Quando puxou a tela, Ana María ficou ainda mais apreensiva ao ouvir o ruído de superfícies que se descolavam. Ele olhou, olhou, e não percebeu nada anormal. O retrato estava intacto.

– Uma coisa inacreditável. Foi a primeira graça de Desatanudos – diz ela.

---

[22] A festa universal da Imaculada Conceição foi instituída em 1476, pelo papa Sisto IV (☆1414 † 1484). Mas foi apenas quase quatro séculos depois, em 8 de dezembro de 1854, que a Igreja Católica aceitou a concepção de Maria pelo Espírito Santo como dogma, ou seja, ponto fundamental, certo e inquestionável da doutrina católica. Então, Pio IX editou a bula (decreto pontifício) intitulada *Ineffabilis Deus* (ou *Deus Inefável*, na tradução do latim), na qual define, de maneira oficial, o dogma da Santa e Imaculada Concepção de Maria. Diz a bula: "... Declaramos a doutrina que afirma que a Virgem Maria, desde a sua concepção... foi preservada imune da mancha do pecado original. Essa verdade foi-nos revelada por Deus e, portanto, deve ser solidamente crida pelos fiéis".

Capítulo 11
José recebe Maria

Padre Rodolfo Arroyo parecia ter razão. Nossa Senhora Desatadora dos Nós poderia até alimentar a fé de muita gente, mas estava longe de ser um fenômeno católico, como alguns acreditavam.

Quando começou a solenidade de entronização do quadro na Igreja de San José del Talar, não havia fiéis em número suficiente para ocupar todos os bancos da nave central. Os rostos eram quase todos conhecidos uns dos outros: pessoas que trabalharam para divulgar a invocação, seus amigos e parentes; vizinhos e paroquianos; funcionários da Universidade do Salvador (USAL); e, em especial, quem conhecia o poder da Virgem milagrosa, gente atendida por suas graças. Nem mesmo o devoto número 1, o bispo auxiliar Jorge Mario Bergoglio, estava presente.

Padre Rodolfo rezou a missa, abençoou o quadro e cunhou uma frase inspiradora, menção ao *Novo Testamento*:

– Hoje nós estamos em festa. José recebe Maria em sua casa mais uma vez – disse.

Ele se referia à passagem do *Evangelho de Mateus*, que, logo em seu primeiro capítulo, narra os fatos desencadeados depois de o anjo Gabriel se revelar a Maria e anunciar que ela seria mãe, concebida pelo Espírito Santo. José reagiu de maneira imediata ao saber que a adolescente com quem se casaria engravidara: "... Seu esposo, que era homem de bem, não querendo difamá-la, resolveu rejeitá-la secretamente" (1, 19), escreve o autor. Significa, sem a moderação do texto, que ele decidira deixá-la.

Nos dias seguintes, conta o evangelista, um anjo apareceu em sonho a José e disse: "Filho de Davi, não temas receber Maria por esposa, pois o que Nela foi concebido vem do Espírito Santo. Ela dará à luz um filho, a quem porás o nome de Jesus, porque ele salvará o seu povo dos seus pecados. Tudo isto aconteceu para que se cumprisse o que o Senhor falou pelo profeta: 'Eis que a Virgem conceberá e dará à luz um filho, que se chamará Emanuel, que significa Deus conosco'" (1, 20-23).[23]

Mateus relata assim o desfecho da história: "Despertando, José fez como o anjo do Senhor lhe havia mandado e recebeu em sua casa a sua esposa. E sem que ele a tivesse conhecido, ela deu à luz o seu filho, que recebeu o nome de Jesus" (1, 24-25).[24]

Quando a missa acabou, enquanto as pessoas se reuniam em pequenos grupos na calçada em frente à igreja, Ana María Berti de Betta, a autora do retrato que acabara de ser colocado sobre o modesto altar, sentiu alguém lhe segurar o braço. Ao se voltar para o lado, deparou-se com uma mulher. Ela segurou as mãos da artista, beijou-as e disse:

– Deus a abençoe.

Como se tivessem combinado, logo outras pessoas acercaram-se dela e fizeram a mesma coisa. Mulher de perfil bastante discreto, a artista ficou desconcertada.

– O gesto daquelas pessoas me deixou embaraçada. No mesmo momento, pensei que os agradecimentos não deveriam ser dados a mim, e sim à Virgem. Ela me dirigiu durante todo o tempo – lembra-se.

Sem esconder certo acanhamento pelo reconhecimento público, agradeceu e, no instante seguinte, concluiu: aquilo era uma prova, a confirmação de que as orações feitas sempre antes de empunhar os pincéis foram atendidas. Conseguira representar Nossa Senhora da exata forma como Ela queria ser vista por seus fiéis.

– Ela me escutou! – diz.

A solenidade na qual "São José recebeu Maria em sua casa" foi simples, mas carregada de muito simbolismo e emoção para Ana María, Teresa Di Naro, Norma Schiavello e Ariel Iacopino, que nos meses anteriores se empenharam para dar à Santa um lugar onde pudesse ser vista e receber pedidos e orações de seus devotos. Já naquele dia, perceberam o gesto que se transformaria de modo muito rápido em marca dos fiéis da Desatadora. Os mais emocionados se dirigiam até o nicho onde o quadro foi colocado e tocavam nele para um breve momento de oração. Pareciam colher ali a energia necessária para se livrar de seus nós. Era como se, por meio da imagem, estabelecessem conexão direta com a Imaculada.

O fato de a igreja nem ao menos ter lotado, de certa maneira, levantava suspeitas sobre a real popularidade da invocação, mas não preocupava aqueles que vinham missionando há tantos anos. Para eles, era só questão de tempo. Quando se espalhasse a informação de que os encontros com Maria não precisavam mais ser agendados no caderninho de Ariel, como acontecia, ficaria visível o tamanho da devoção por Ela.

Mesmo sem estar certo de quanta gente poderia ser atraída pela nova invocação, padre Rodolfo decidiu, na semana seguinte, que San José del Talar dedicaria não só o 8 de dezembro, mas todo dia 8 de cada mês à Desatadora dos Nós.

E quando janeiro de 1997 chegou, a principal marca da devoção foi lembrada. Os famosos santinhos, que varreram Buenos Aires durante dez anos, não podiam desaparecer só porque, agora, a Virgem tinha um altar só Dela. Alguém sugeriu imprimir algumas centenas e distribuir a quem fosse ver a Santa no que seria o primeiro dia dedicado com exclusividade a Ela depois da entronização.

Padre Rodolfo lamentou o fato de estar de férias logo no dia 8 de janeiro, mas não gostaria de que o calendário programado falhasse. Assim, pediu a um sacerdote amigo para celebrar a missa marcada para o início da manhã daquele dia, quarta-feira. Pela sua experiência na paróquia, tranquilizou o substituto. Seria tudo muito simples. Ele sabia que a igreja costumava lotar apenas no Domingo de Ramos, o anterior à Páscoa.

– Seria uma missa só, logo pela manhã, e pronto, não havia motivo para preocupação. Eu estava certo de que viriam umas 10 avós, no total 50 pessoas, se tanto – lembra-se ele sobre a breve conversa com o seu substituto.

Quando retornou de seu curto período de descanso, padre Rodolfo surpreendeu-se com o relato do ocorrido. Muito mais gente do que as dez avós assistiram à única missa do dia 8 de janeiro. E as poucas centenas de cartões impressos se esgotaram muito rápido.

– A igreja encheu logo às 7h da manhã, na missa. E durante todo o dia as pessoas vinham até o altar de Desatanudos, tocavam as mãos no quadro e faziam suas orações. Agradeciam, pediam. Muitas queriam confessar. Eu não podia acreditar, achei até que ele estava exagerando quando me contou – lembra.

Não era exagero. E o padre Rodolfo poderia comprovar com os próprios olhos nos meses seguintes.

---

[23] O profeta ao qual se refere Mateus é Isaías, autor do livro do *Antigo Testamento* que leva o seu nome. No capítulo 7, ele narra o momento em que Acaz, rei de Judá, enfrenta a grave ameaça de invasão e divisão de seu reino. Deus manda Isaías procurá-lo e tranquilizá-lo em Seu nome. "Não será assim, isso não acontecerá" (7, 7). Deus orienta Isaías a dizer a Acaz que ele e seu povo devem ter fé, e também manda o rei de Judá pedir uma prova a Ele: "Peça ao Senhor, ao seu Deus, um sinal miraculoso, seja das maiores profundezas, seja das alturas mais elevadas" (7, 11). Acaz resiste, diz que não colocará Deus à prova, e recebe a pronta resposta de Isaías: "Ouçam agora, descendentes de Davi! Não basta abusarem da paciência dos homens? Também vão abusar da paciência do meu Deus? Por isso o Senhor mesmo lhes dará um sinal: a Virgem ficará grávida e dará à luz um filho, e o chamará Emanuel" (7, 13-14).

[24] Mateus usa um eufemismo para reafirmar a virgindade de Maria. Quando escreve que José não havia "conhecido" a esposa até o nascimento de Jesus, destaca que o casal não tivera relações sexuais.

Capítulo 12

O *tsunami* da fé

Ondas de fiéis passaram a se dirigir à Igreja de San José del Talar a cada dia 8. Antes de tudo, a maior parte deles queria ficar por alguns segundos frente a frente com o retrato da Imaculada. E no ritual para fazer pedidos ou agradecer graças alcançadas, sentiam necessidade de tocar o quadro. Também assistiam à missa e buscavam levar para casa algo que lembrasse a Desatadora dos Nós ou pudesse servir de relíquia – medalha, vela com sua figura estampada, terço, oração, qualquer coisa. Os santinhos passaram a ser impressos aos milhares – não mais às centenas – e nunca eram suficientes.

Como muitas pessoas chegavam ávidas por entender a natureza da Virgem poderosa, que parecia ter surgido do nada, voluntários se revezavam para fazer a catequese. Contavam a história de sua origem, na Alemanha, e explicavam a essência do retrato, a fita cheia de nós nas mãos de Nossa Senhora, à luz da interpretação de Santo Irineu: "O que Eva atou com sua desobediência, Maria desatou com sua obediência a Deus".

Os ensinamentos procuravam desfazer, de forma bastante simples, a dúvida comum a muitos – quantas representações da Imaculada Conceição existem? A mais poética das explicações tentava trazer a invocação para o cotidiano das pessoas: Maria é uma só, a Mãe de Deus que ascendeu aos céus, mas, como toda mulher, gosta de trocar o seu vestido; e quando muda a sua roupa, assume um nome diferente.

Parte da catequese consistia em explicar por que os diferentes vestidos tinham sempre as mesmas cores. O branco simboliza a inocência e a pureza da virgindade; o azul é a representação do céu, do Paraíso, destino de quem tem fé; e o vermelho é a cor-ícone da encarnação – a carne de Cristo é a carne de Maria.

Os catequistas passaram a se preocupar, também, em desmistificar o crescente sincretismo religioso que nasceu na rua da igreja, a Navarro, em barracas de comércio armadas para explorar a fé de quem chegava. Vendiam-se velas com sete nós, preparados aos quais se atribuíam propriedades milagrosas e cartões nos quais era feita a associação da Desatadora dos Nós com elementos do espiritismo, da umbanda e até mesmo da magia. Era comum encontrar a imagem da Virgem ligada a personagens lendários que ainda hoje despertam certo fervor popular na Argentina, os chamados santos profanos.

Um deles, Pancho Sierra, como era conhecido o curandeiro Francisco Sierra (☆1831†1891). Conta a lenda que seus dons sobrenaturais se revelaram depois de uma decepção amorosa, quando decidiu dedicar a vida aos enfermos. *Criollo*, como eram chamados os descendentes dos colonizadores espanhóis nascidos na Argentina, vestia-se sempre como autêntico gaúcho dos pampas – bombachas, poncho e chapéu de aba larga. Curava os doentes com a água que dizia ser milagrosa, reservada no poço do lugar onde vivia. Sua fama se espalhou com rapidez e sua estância se tornou ponto de peregrinação. Ainda hoje, muitas pessoas buscam os milagres de Pancho Sierra orando junto ao seu túmulo, em um cemitério de Salto, cidade a 200 quilômetros de Buenos Aires.

Outra dessas figuras místicas é Gauchito Gil, como se tornou conhecido Antonio Mamerto Gil Núñez (☆1840†1878). A mais difundida das versões de sua biografia conta que, depois de defender as forças da Tríplice Aliança (Argentina, Brasil e Uruguai) na Guerra do Paraguai (1864-1870), foi recrutado para lutar na guerra civil que acontecia em Corrientes, província argentina. Acusado de deserção, foi sentenciado à morte. No dia de sua decapitação, declarou-se inocente repetidas vezes e contou a revelação que tivera: o filho do seu carrasco estava muito doente, por isso, se de fato o matasse, deveria rezar por sua alma para o menino se curar – na época havia a crença popular de que era milagroso orar em nome de um inocente morto. Chegando a sua casa, depois da execução, o carrasco encontrou o filho enfermo e começou a pedir por sua saúde em oração ao Gauchito Gil. Diz a lenda, não demorou para o garoto ficar curado. A história se propagou ao longo dos anos e surgiu o forte culto em torno da lenda. O túmulo de Gauchito Gil, em Mercedes, a pouco mais de cem quilômetros de Buenos Aires, recebe centenas de peregrinos todo dia 8 de janeiro, aniversário de sua morte.

Nas barracas também se encontravam cartões com as imagens de cantores populares no país, como Rodrigo e Gilda, mortos de modo trágico em acidentes de veículos. Em uma face, aparecia a fotografia dos artistas; em outra, o retrato de Nossa Senhora Desatadora dos Nós.

Gente da Igreja tentava entender como se estabeleceram as relações tortuosas entre um ícone do catolicismo e personagens cujas histórias foram originadas no folclore popular. Mas, em nenhum momento, houve qualquer iniciativa da instituição para separar a mistura religiosa.

As conexões erráticas ficaram pelos caminhos da história da devoção a Maria Desatadora. De maneira espontânea, o próprio comércio informal em frente à Igreja de San José del Talar abandonou todas as peças que faziam essas ligações. Foram massacradas pela intensidade do fenômeno exclusivo da Virgem e que atraía, mês a mês, contingentes inacreditáveis aos olhos do próprio arcebispado de Buenos Aires.

– Parecia um formigueiro, e os vizinhos começaram a reclamar. Diziam que o bairro era pequeno, sossegado, e a rua, estreita. Eles queriam a tranquilidade de volta e pediam para mandarmos o quadro para outro lugar, criar um santuário longe dali – lembra o padre Rodolfo Arroyo.

Micro-ônibus e carros vinham de várias partes da cidade e também de municípios da região metropolitana, trazendo milhares de fiéis. As vias do entorno ficavam todas abarrotadas de veículos. Muitos usavam o transporte público: desciam na estação de metrô mais próxima, a De Los Incas-Parque Chas, e tomavam o ônibus até o bairro residencial de Agronomía, onde está a igreja. Alguns chegavam a pé, uma caminhada de quase três quilômetros desde a parada do metrô.

Dia 8 passou a ser sinônimo de caos na rua Navarro. As aglomerações começavam a se formar, algumas vezes, antes mesmo de San José del Talar abrir suas portas, às 6 horas. O trânsito era bloqueado, tamanho o número de pessoas circulando, disputando espaço para ter seus instantes de intimidade com a Imaculada.

A pequena equipe de paroquianos que cuidava de organizar a entrada dos devotos se multiplicou. Passou a atuar ainda na rua, acomodando as pessoas para atenuar os transtornos à rotina do bairro. Uma vez ou outra, porém, alguns vizinhos mais impacientes chamavam a polícia, talvez para intimidar o pároco e pressioná-lo a mandar o quadro da Desatadora dos Nós para bem longe dali.[25] Sem muito sucesso, os policiais tentavam fazer o trabalho que o empenho e a boa vontade dos voluntários não davam mais conta.

Padre Rodolfo passou a ter como rotina uma lista de questões urgentes de logística para resolver. A "paróquia de dez avós", como ele costumava brincar, era agora ponto de atração de milhares de pessoas carregando suas emergências. Nunca passara por isso desde sua ordenação, em 1987. Pedia conselhos a sacerdotes mais experientes e ia agindo de maneira pontual, à medida que as circunstâncias e o dinheiro permitiam. Aumentou a quantidade de sanitários, fez crescer a área para venda de produtos religiosos, criou um modesto espaço de alimentação, reforçou a equipe de confessores e passou a celebrar mais missas a cada dia 8 e nos fins de semana próximos dele. As reuniões para aplacar a irritação da vizinhança passaram a ser comuns.

As estampas continuavam a ser distribuídas de maneira regular, mas agora de forma a ajudar a traduzir a explosão da fé em números. A orientação do pároco era que fosse entregue apenas um santinho para cada fiel. Assim, pensou ele, seria possível estimar o número de pessoas recebidas a cada dia 8. Então, ele começou a anotar em uma pequena caderneta, mês a mês, o número de cartões distribuídos. Em dezembro de 1997, quando a entronização do retrato completou um ano, os dez mil cartões reservados aos fiéis acabaram.

A massa de devotos era tão grande que a igreja passou a ficar aberta até a meia-noite todo dia 8 – o próprio padre Rodolfo, devoto fervoroso da Virgem de Luján, passara a orar com regularidade para a Desatadora dos Nós. Se em janeiro uma única missa fora celebrada, 11 meses depois eram 8 ao longo do dia. E nos sábados e domingos anteriores ou posteriores à data, o fluxo de fiéis exigia uma estrutura, se não igual, muito parecida.

– Cheguei a fazer missas na rua, a céu aberto, para atender ao maior número possível de peregrinos – recorda ele.

Os relatos cada vez mais intensos de milagres atribuídos à Virgem, além de atraírem de forma exponencial as pessoas que precisavam de ajuda para os seus problemas, pareciam estar resgatando, em muitos, a fé perdida ao longo da vida.

– As pessoas vinham ver Nossa Senhora, pedir a Ela, e depois iam para o confessionário. Pessoas que não se confessavam há muito tempo. Isso, a meu ver, era o mais interessante de tudo. Conversei com devotos para entender este sentimento e eles disseram que, depois de tocar na imagem e pedir uma graça, sentiam o forte desejo de se voltar para Deus. Por isso iam ao confessionário. Era como se quisessem ficar em dia com Deus – conta o padre Rodolfo.

Para dar conta de tanta gente em busca da confissão, o pároco foi atrás de apoio. Conseguiu recrutar sacerdotes voluntários que iam todo dia 8, além de sábados e domingos, até o bairro de Agronomía para ajudar a equipe regular de apenas dois confessores. Até 20 vinte deles se revezavam nos confessionários enquanto a igreja estivesse aberta, entre 6 horas e meia-noite. Padre Omar Di Mario, na época pároco da Igreja de Santa Magdalena Sofía Barat, reforçou a equipe de confessores muitas vezes.

– A confissão era uma característica marcante dos peregrinos. Vinham em busca da reconciliação. Mas é importante lembrar que Teresa, Norma e Ariel também missionaram o sacramento da confissão – conta.

A onda de devoção atingiu o grau de um *tsunami* em 1998, dois anos depois de San José del Talar se transformar no reduto da Desatadora dos Nós. Em dezembro daquele ano, foram impressas cem mil estampas. Deveriam ser suficientes não só para o mês, mas pelo menos para o primeiro trimestre do ano seguinte, segundo os cálculos do padre Rodolfo. E a orientação continuava sendo a mesma: entregar, nas filas de acesso, apenas um santinho a cada devoto, para aferir quantas pessoas buscaram Nossa Senhora. Quando as portas fecharam, à meia-noite, restavam apenas 30 mil cartõezinhos. Significava que, no dia 8 de dezembro de 1998, cerca de 70 mil fiéis passaram ali.

Depois disso, a caderneta que registrava o número de estampas distribuídas foi abandonada em alguma gaveta da sacristia. Um fenômeno de dimensões tão grandiosas não precisava de registro. Nunca, desde quando fora aberta, em 1939, a humilde Igreja de San José del Talar recebera tantos fiéis.

Embora arrastasse multidões até um bairro de características residenciais, a menos de 15 quilômetros do centro de Buenos Aires, a Desatadora dos Nós demorou a ser notada pela mídia argentina. O importante *La Nacion* foi o primeiro jornal a publicar reportagem sobre a nova "mania" católica. Só percebeu as grandiosas manifestações de fé em torno da modesta igreja mais de dois anos depois da entronização da imagem de Maria.

No dia 18 de janeiro de 1999, o jornalista Jorge Rouillon assinou o texto que, logo no título, trazia a surpresa da descoberta: *Um fenômeno religioso na cidade: a Virgem "que desata os nós" (Un fenómeno religioso en la ciudad: la Virgen "que desata los nudos"*, no original em espanhol). O repórter conta como, em tão pouco tempo, a tranquila paróquia frequentada por vizinhos e um animado grupo de jovens transformou-se em centro de peregrinação. Registra que, no fim de semana anterior à publicação da reportagem, 25 mil pessoas foram encontrar a Desatadora e fazer suas preces. E nem era dia 8.

O *La Nacion* relata que a devoção começou no país em meados dos anos 1980, por meio de um sacerdote não identificado no texto. Na época da publicação, Jorge Mario Bergoglio, o principal agente do fenômeno, já ascendera ao posto de arcebispo metropolitano de Buenos Aires (sucedeu Antonio Quarracino, que morreu em 1998). Mas o texto o aponta apenas como mais um "simpatizante" da Virgem, alguém da lista das várias figuras públicas vistas na igreja, entre as quais, as atrizes Araceli González e Carmen Barbieri e a tenista Gabriela Sabatini, bastante conhecida no Brasil.

De maneira quase anônima, o arcebispo continuava sendo seu devoto número 1. Não são poucos os relatos de pessoas que o viram em San José del Talar orando aos pés da Desatadora dos Nós, tentando passar-se incógnito. Escolhia a dedo o dia da visita: nunca em um fim de semana, sempre longe do dia 8. Fiel ao seu estilo, não queria promoção. Por isso, chegava sem alarde. Nem mesmo o pároco era avisado com antecedência da presença do arcebispo, como é habitual quando ocorrem visitas de autoridades eclesiásticas.

– Às vezes, algum paroquiano contava, surpreso, ter visto um padre desconhecido rezando em frente ao quadro. Eu pedia a descrição física e logo sabia: era o arcebispo – lembra o sacerdote Omar Di Mario, que assumiu a administração da Paróquia de San José del Talar em 2010, mesmo ano em que o lugar foi oficializado pela Arquidiocese de Buenos Aires como santuário.

Como qualquer fiel, padre Jorge tinha seu próprio ritual. Parava na frente do retrato por um breve momento. De olhos fechados, parecia imerso em ato de contrição. Depois disso, caminhava até a nave central da igreja, ajoelhava-se em um dos bancos e orava. Tudo muito rápido. Voltava para o centro da cidade do mesmo jeito que viera: tomava o ônibus até a estação De Los Incas-Parque Chas, da linha vermelha do metrô de Buenos Aires, e de lá até a parada Florida, a 600 metros da Cúria, onde morava no mesmo quarto despojado que ocupou pela primeira vez, em 1992, quando fora nomeado bispo auxiliar. Ao tornar-se arcebispo, ele renunciou ao carro com motorista da arquidiocese e à residência arquiepiscopal de Olivos, região exclusiva às margens do Rio da Prata, onde está localizada a casa de campo dos presidentes da república. Era um luxo desnecessário, acreditava. Além do mais, queria estar próximo das pessoas, precisava sentir o cheiro do rebanho. A forma modesta de viver foi uma das razões pelas quais o cardeal Antonio Quarracino deu a ele o apelido de *el santito* (o santinho).

Apesar da importância central que teve no processo para espalhar a devoção única à Virgem Desatadora, padre Jorge manteve-se quase sempre à margem das grandes celebrações, em especial as realizadas em datas festivas, com milhares de pessoas reunidas, que davam a visibilidade desprezada por ele.[26] Ao longo do período de consolidação do culto à Virgem – de 1996, quando o quadro foi colocado em San José del Talar, até 2013, quando se tornou o papa Francisco –, ele rezou algumas poucas missas na igreja. A última foi no dia 8 de dezembro de 2012, por coincidência, a derradeira celebração a Nossa Senhora Desatadora dos Nós antes de ele ser eleito o sucessor de São Pedro. Parecia prever que nunca mais poderia estar ali em condições normais. Na época, a Virgem já desfizera um importante nó: os vizinhos se acostumaram às manifestações grandiosas de fé e deixaram de pressionar o pároco a levar o quadro para longe. A casa de São José tornou-se, em definitivo, o lar de Desatanudos.

25 Em certo momento, a Igreja Católica passou a considerar que a transferência do retrato de Nossa Senhora Desatadora dos Nós da Igreja de San José del Talar para outro lugar era a única saída para pacificar a relação com a vizinhança. Em sua edição de 9 de maio de 2004, o jornal argentino *Página 12* publicou a notícia de que o arcebispado de Buenos Aires abriu negociações para a compra de uma área de 13.600 metros quadrados do Club Comunicaciones, no mesmo bairro de Agronomía onde está o santuário dedicado à Virgem. Na reportagem, intitulada *Um terreno para a Desatadora dos Nós* (*Un terreno para la Desatanudos*, no original em espanhol), o repórter Gustavo Veiga conta que o Comunicaciones recebera a oferta de US$ 280 mil pelo terreno. Sócios do clube se mobilizaram contra a realização do negócio.

26 O desapego de Jorge Mario Bergoglio por notabilidade pode ser mensurado por sua indiferença às condecorações. Ele jamais aceitara uma até maio de 2016, quando se tornou o primeiro latino-americano a receber o Prêmio Carlos Magno, distinção conferida a pessoas públicas e instituições que trabalham pela unidade europeia. Segundo explicou o padre Federico Lombardi, diretor da Sala de Imprensa da Santa Sé na época, o Papa aceitou o prêmio de forma excepcional, um gesto para que a Europa trabalhe pela paz.

Capítulo 13
Os cinco retratos da Desatadora

Em um dia de setembro de 2013, o telefone de Ana María Berti de Betta tocou em Buenos Aires. Bastou o homem do outro lado da linha dizer "alô" para a artista, que tornou palpável a devoção a Nossa Senhora Desatadora dos Nós na Argentina, identificar de pronto de quem se tratava: o papa Francisco se anunciava em pessoa, sem intermediação, sem a pompa e a circunstância do cerimonial da Santa Sé.

– Ana María, é Jorge! – disparou.

Poderia pensar que se tratava de um trote, mas a voz era inconfundível há muito tempo, desde meados da década de 1970. Era seu mentor espiritual, seu confessor, seu amigo padre Jorge. A voz da artista parecia presa no peito; confessa que quase desmaiou. Nos segundos seguintes, recompôs-se e então hesitou sobre como tratá-lo.

– Eu não sei se devo chamá-lo de Papa, de Francisco... – desculpou-se, mal contendo a emoção.

A resposta veio direta, acompanhada de uma de suas muitas gargalhadas espontâneas:

– Ana, eu sou Jorge, sempre serei Jorge.

O telefonema tinha motivo bastante especial: o Pontífice pedia um quadro da Desatadora dos Nós para o Vaticano. Gostaria de ter a Santa de sua devoção bem pertinho.

Naquele momento, os retratos da Virgem já eram muito familiares para a artista. Ela já fizera outros três, além do que arrastava multidões para a Igreja de San José del Talar.

Uma das pinturas estava no núcleo primário de devoção, a reitoria da Universidade do Salvador (USAL), em Buenos Aires, onde foi adotada como padroeira depois de todo o trabalho de propagação irradiado dali – primeiro pelo padre Jorge, depois por funcionários.

Outra réplica fora feita para a Casa Rosada, no ano 2000, a pedido do capelão da sede do governo argentino, monsenhor Carlos Federico Guillot. O presidente Fernando De la Rúa, que assumira o comando do país em dezembro do ano anterior e enfrentava uma das sucessivas crises econômicas argentinas, era devoto da Virgem e pediu o retrato Dela.

Por fim, fez uma tela para a reitoria da Universidade Livre Maria Santíssima Assunta (Libera Università Maria Santissima Assunta – LUMSA – em italiano), instituição católica privada sediada em Roma. Em visita a Buenos Aires, o reitor da LUMSA, Giuseppe Dalla Torre, encantou-se com a obra que ornamentava a reitoria da USAL. Interessou-se pelo autor e dirigiu a pergunta ao vice-reitor da instituição, Enrique Antonio Betta, marido de Ana María. Dalla Torre pediu – e ganhou – a réplica, que instalou na antessala do seu gabinete de trabalho, na capital da Itália.

A quinta imagem era o mais especial dos pedidos, do homem que originou a devoção à Desatadora e a propagou. Ana María prometeu começar a obra de imediato. Seria uma honra, mas colocou sua condição:

– Se não gostar do trabalho, não se sinta obrigado a colocá-lo na parede.

O último dos retratos da Virgem que a artista compôs é também o maior deles. Tem 1,80 m de altura por 1,15 m de largura. Ficou pronto em dezembro de 2013 e foi enviado para a Itália no mesmo mês, por meio de uma empresa de logística especializada no transporte de obras de arte. Foi necessária a autorização do Ministério da Cultura da Argentina para que o quadro deixasse o país, já que era uma doação da proprietária para o Vaticano.

Alguns dias depois de a quinta réplica ter sido despachada para Roma, o telefone de Ana María tocou. Era o Papa de novo. Encantado com o retrato, contou que já estava colocado no lugar reservado a ele: a parede de um salão de audiências da Casa de Santa Marta – ou Domus Sanctae Marthae, nome oficial da residência em latim, um dos dois idiomas oficiais do Vaticano (o outro é o italiano). A obra ficaria no lugar onde Francisco trabalha e vive. Então, o Papa já fizera a fama da Desatadora dos Nós entre as pessoas do corpo funcional e religioso do Vaticano.[27]

A Casa de Santa Marta foi idealizada pelo papa João Paulo II (☆1920 † 2005) como uma espécie de hospedaria, um lugar para oferecer acomodações aos cardeais do mundo todo que participam dos conclaves (as reuniões que elegem os papas) ou fazem visitas de trabalho à Cúria Romana. Para isso, reformou o prédio erguido por Leão XIII, em 1891, para atender vítimas da epidemia de cólera que atingiu Roma.

Fica a poucas centenas de metros da Basílica de São Pedro e tem 106 suítes, 22 quartos individuais, 1 apartamento e vários salões e salas espalhados por cinco andares. Quando foi eleito, Francisco recusou-se de pronto a morar no imenso e suntuoso apartamento reservado ao Pontífice no Palácio Episcopal do Vaticano. Preferiu ocupar a suíte 201 da Casa de Santa Marta, no segundo andar, que tem uma antessala conjugada, usada por ele como escritório. O espaço todo não tem mais que 50 metros quadrados de área.

É um lugar sóbrio como sua própria personalidade. No quarto, com banheiro anexo, destacam-se a cama – ladeada por dois criados-mudos –, o guarda-roupa e a cômoda, todos em madeira escura. Algumas das pouquíssimas pessoas que tiveram o privilégio de entrar ali notaram uma estatueta da Desatadora sobre a cômoda. O escritório anexo é mobiliado com escrivaninha, sofá, estante e um par de poltronas. Nas paredes brancas, destacam-se o crucifixo de madeira e o quadro de São Francisco de Assis, o santo que inspirou seu nome pontifício. Sobre a mesa de trabalho está a imagem de uma das Nossas Senhoras das quais é devoto, a de Luján, padroeira da sua Argentina.

A justificativa para continuar morando ali desconcertou quem zela pelos ritos solenes e milenares da Igreja Católica e surpreendeu os que desconheciam um dos traços marcantes da sua personalidade. "Não é só questão de rejeitar a riqueza. Eu tenho a necessidade de conviver com pessoas. Se eu vivesse sozinho, talvez um pouco isolado, não iria me sentir bem; fico em Santa Marta por motivos psiquiátricos", disse várias vezes para explicar a preferência por manter-se instalado no local em que pode compartilhar da companhia de religiosos no refeitório, no elevador ou em qualquer corredor. É o lugar onde há o que ele mais gosta: gente.

O retrato feito por Ana María está colocado em um grande salão da Casa de Santa Marta, onde Francisco recebe políticos, líderes religiosos e celebridades do mundo todo em audiências. Não é incomum o quadro aparecer nas fotografias publicadas pelo *Observatório Romano* (*L'Osservatore Romano*, no original em italiano, jornal que acompanha o dia a dia da Santa Sé), como cenário de encontros entre Francisco e personalidades de toda parte do mundo.

Até meados de 2016, quando se completaram duas décadas da entronização da obra de sua autoria no Santuário de San José del Talar, Ana María ainda não pudera admirar o retrato feito para o papa Francisco, colocado no exato lugar escolhido por ele, em Santa Marta. Lembra-se com emoção, porém, da primeira vez que viu, publicada nos jornais argentinos, a fotografia mostrando o seu quadro como parte do cenário do encontro de Francisco com a ex-presidente da Argentina Cristina Kirchner, em março de 2014.

– Eu não poderia ter recebido maior gratificação na vida. Muitos artistas vendem suas obras, ganham dinheiro, fama e se satisfazem com isso. No meu caso, não há dinheiro que pague a felicidade de ter sido escolhida para ser parte desta história – diz ela.

Por toda a história vivida, Ana María não tem dúvidas: foi escolhida pela Virgem.

---

[27] Logo nos meses iniciais de pontificado, Francisco fez sua primeira reflexão pública sobre Nossa Senhora Desatadora dos Nós. Ele se dirigiu a uma multidão reunida na Praça de São Pedro, no Vaticano, no dia 12 de outubro de 2013, para a Audiência Geral, que foi parte das solenidades do Ano da Fé, dedicado à Virgem Maria. Naquele dia, Francisco recebeu a imagem de Nossa Senhora de Fátima, trazida desde o santuário português de Cova da Iria apenas para a solenidade.

A Imaculada Conceição orientou a sua catequese. Ele citou a interpretação teológica de Santo Irineu, que, de acordo com a tradição jesuíta, inspirou a composição do quadro exposto na Alemanha. A meditação de Francisco não poderia ser mais oportuna. Completavam-se 50 anos da realização do Concílio do Vaticano II, série de conferências realizada entre 1962 e 1965 para discutir temas de interesse da Igreja Católica. Ao longo dos debates, os religiosos resgataram o paralelismo entre Eva e Maria, desenvolvido por Santo Irineu. Esta é a íntegra da fala do Papa naquele dia.

"Amados irmãos e irmãs,

Este encontro do Ano da Fé é dedicado a Maria, Mãe de Cristo e da Igreja, nossa Mãe. A Sua imagem, vinda de Fátima, ajuda-nos a sentir a Sua presença no meio de nós. Há uma realidade: Maria leva-nos sempre a Jesus. É uma mulher de fé, uma verdadeira crente. Podemos nos perguntar: como foi a fé de Maria?

1. O primeiro elemento da sua fé é este: a fé de Maria desata o nó do pecado (*Conselho Ecum*ênico *Vaticano II, Constituição Dogmática Lumen gentium*, 56). O que significa isto? Os padres conciliares retomaram uma expressão de Santo Irineu, que diz: 'O nó da desobediência de Eva foi desatado pela obediência de Maria; aquilo que a virgem Eva atara com a sua incredulidade, desatou-o a Virgem Maria com a sua fé' (*Adversus Haereses III*, 22, 4).

   Ei-lo, o 'nó' da desobediência, o 'nó' da incredulidade. Poderíamos dizer, quando uma criança desobedece à mãe ou ao pai, que se forma um pequeno 'nó'. Isto sucede, se a criança se dá conta do que faz, especialmente se há pelo meio uma mentira; naquele momento, ela quebra a relação de confiança com seus pais. Vocês sabem que isto acontece tantas vezes! Então, a relação com os pais precisa ser purificada desta falta e, de fato, pede-se desculpa para que haja de novo harmonia e confiança. Algo parecido acontece no nosso relacionamento com Deus. Quando não O escutamos, não seguimos a Sua vontade e realizamos ações concretas em que demonstramos falta de confiança Nele – isso é o pecado –, forma-se uma espécie de nó dentro de nós. E estes nós tiram-nos a paz e a serenidade. São perigosos, porque de vários nós pode resultar um emaranhado, que se vai tornando cada vez mais penoso e difícil de desatar.

Mas, para a misericórdia de Deus – sabemos bem –, nada é impossível! Mesmo os nós mais complicados desatam-se com a sua graça. E Maria, que com o Seu 'sim' abriu a porta a Deus para desatar o nó da desobediência antiga, é a mãe que, com paciência e ternura, nos leva a Deus, para que Ele desate os nós da nossa alma com a sua misericórdia de Pai. Cada um possui alguns desses nós, e podemos interrogar aos nossos corações: quais são os nós que existem na minha vida? 'Padre, os meus nós não podem ser desatados!' Não, isto está errado! Todos os nós do coração, todos os nós da consciência podem ser desatados. Para mudar, para desatar os nós, peço a Maria que me ajude a ter confiança na misericórdia de Deus. Ela, mulher de fé, certamente dirá: 'Segue adiante, vai até ao Senhor: Ele te entende'. E Ela nos leva pela mão, Mãe, até o abraço do Pai, do Pai da misericórdia.

2. Segundo elemento: a fé de Maria dá carne humana a Jesus. Diz o Concílio: 'Acreditando e obedecendo, gerou na terra, sem ter conhecido varão, por obra e graça do Espírito Santo, o Filho do eterno Pai' (*Constituição Dogmática Lumen gentium*, 63). Este é um ponto em que os padres da Igreja insistiram muito: Maria, primeiro, concebeu Jesus na fé, e, depois, na carne, quando disse 'sim' ao anúncio que Deus lhe dirigiu através do anjo. O que significa isso? Significa que Deus não quis fazer-Se homem, ignorando a nossa liberdade, mas quis passar através do livre consentimento de Maria, através do Seu 'sim'. Deus pediu: 'Estás disposta a fazer isto?'. E Ela disse: 'Sim'.

Entretanto, aquilo que aconteceu de uma forma única na Virgem Mãe sucede a nível espiritual também em nós, quando acolhemos a palavra de Deus com um coração bom e sincero, e a pomos em prática. É como se Deus tomasse carne em nós: Ele vem habitar em nós, porque faz morada naqueles que O amam e observam a Sua palavra. Não é fácil entender isso, mas, sim, é fácil senti-lo no coração.

Pensamos que a encarnação de Jesus é um fato apenas do passado, que não nos toca pessoalmente? Crer em Jesus significa oferecer-Lhe a nossa carne, com a humildade e a coragem de Maria, para que Ele possa continuar a habitar no meio dos homens; significa oferecer-Lhe as nossas mãos, para acariciar os pequeninos e os pobres; os nossos pés, para ir ao encontro dos irmãos; os nossos braços, para sustentar quem é fraco e trabalhar na vinha do Senhor; a nossa mente, para pensar e fazer projetos à luz do Evangelho; e sobretudo o nosso coração, para amar e tomar decisões de acordo com a vontade de Deus. Tudo isso acontece graças à ação do Espírito Santo. E, assim, somos os instrumentos de Deus para que Jesus possa atuar no mundo por meio de nós.

3. E o último elemento é a fé de Maria como caminho: o Concílio afirma que Maria 'avançou pelo caminho da fé' (*ibid.*, 58). Por isso, Ela nos precede neste caminho, nos acompanha, nos sustenta.

Em que sentido a fé de Maria foi um caminho? No sentido de que toda a sua vida foi seguir o seu Filho: Ele – Jesus – é a estrada, Ele é o caminho! Progredir na fé, avançar nesta peregrinação espiritual que é a fé, não é senão seguir a Jesus; ouvi-Lo e deixar-se guiar pelas Suas palavras; ver como Ele se comporta e pôr os pés nas Suas pegadas, ter os próprios sentimentos e atitudes Dele. E quais são os sentimentos e as atitudes de Jesus? Humildade, misericórdia, solidariedade, mas também firme repulsa da hipocrisia, do fingimento, da idolatria. O caminho de Jesus é o do amor fiel até o fim, até o sacrifício da vida: é o caminho da cruz. Por isso, o caminho da fé passa através da cruz, e Maria compreendeu-o desde o princípio, quando Herodes queria matar Jesus recém-nascido. Mas, depois, esta cruz tornou-se mais profunda, quando Jesus foi rejeitado: Maria estava sempre com Jesus, seguia Jesus no meio do povo, escutava as fofocas, o ódio dos que não queriam bem ao Senhor. E, esta cruz, Ela a levou! Então, a fé de Maria enfrentou a incompreensão e o desprezo. Quando chegou a 'hora' de Jesus, ou seja, a hora da paixão, então a fé de Maria foi a chamazinha na noite: aquela chamazinha no meio da noite. Na noite de Sábado Santo, Maria esteve de vigia. A sua chamazinha, pequena, mas clara, esteve acesa até o alvorecer da Ressurreição; e quando lhe chegou a notícia de que o sepulcro estava vazio, no seu coração alastrou-se a alegria da fé, a fé cristã na morte e ressurreição de Jesus Cristo. Porque a fé sempre nos traz alegria, e Ela é a Mãe da alegria: que Ela nos ensine a caminhar por esta estrada da alegria e a viver esta alegria! Este é o ponto culminante – esta alegria, este encontro entre Jesus e Maria – imaginemos como foi... Este encontro é o ponto culminante do caminho da fé de Maria e de toda a Igreja. Como está a nossa fé? Temo-la, como Maria, acesa mesmo nos momentos difíceis, de escuridão? Senti a alegria da fé?

Esta noite, Mãe, nós Te agradecemos pela Tua fé, de mulher forte e humilde; renovamos a nossa entrega a Ti, Mãe da nossa fé. Amém."

Capítulo 14

Manipulados por Deus

Em português ou espanhol, a palavra títere tem os mesmos significado e grafia. A diferença está apenas no uso: enquanto no Brasil o termo chega a ser até desconhecido da maior parte das pessoas, na Argentina tem emprego comum, em especial no meio religioso. Títere é um tipo de boneco movido por meio de cordas, chamado pelos brasileiros de marionete. Em sentido figurado, define alguém manipulado para realizar a vontade de outro.

Ana María Berti de Betta considera-se títere de Deus. Para ela, isso explica o fato de ter sido a ferramenta que tornou possível a devoção a Nossa Senhora Desatadora dos Nós na Argentina e, por extensão, em muitos outros lugares – há registros de espaços reservados à veneração Dela em, pelo menos, outros dez países: Alemanha, Áustria, Brasil, Colômbia, Estados Unidos, Filipinas, França, Irlanda, Polônia e Suíça.

– Tenho certeza de que nós somos dirigidos de alguma maneira. Por isso não costumo dizer: 'Pintei a Virgem!'. Não sou mais importante que o pincel. Sou apenas instrumento de Deus, como o pincel é uma ferramenta minha. Nós somos levados pelas mãos Dele e fazemos aquilo que Ele destinou. Deus quis que Desatanudos fosse conhecida e eu fui um dos instrumentos para esse desígnio. Só isso. Sem dúvida, fui eleita. Sou títere – afirma Ana María.

Olhando sob o ponto de vista dela, Teresa Di Naro, Norma Schiavello e Ariel Iacopino, os fiéis cujo trabalho missionário movimentou multidões e determinou a criação do santuário de Buenos Aires, são, do mesmo modo, títeres de Deus. Como eles, padre Rodolfo Arroyo, o pároco de San José del Talar que abraçou a causa e a levou até as instâncias de decisão da Igreja, também é. E é um títere Francisco, o promotor desta devoção única, transformada em fenômeno. Na definição da artista plástica, um ser humano privilegiado, que atingiu grau de evolução superior ao da média das pessoas.

– Esta é uma história de vida – costuma dizer o padre Rodolfo Arroyo, que deixou San José del Talar em 2004 para tornar-se pároco da Igreja do Bom Pastor, no bairro portenho de Caballito.

– Quando ele começou a distribuir os santinhos para amigos e pessoas conhecidas, também não imaginou que estava dando início à comoção espiritual que aconteceria logo depois – diz Ana María.

O próprio Pontífice concorda com a definição de que é um títere de Deus, como revela o livro *Pope Francis – Our brother, our friend: personal recollections about the man who became pope* (em tradução livre, *Papa Francisco – Nosso irmão, nosso amigo: lembranças pessoais sobre o homem que se tornou Papa,* sem edição no Brasil), do jornalista peruano Alejandro Bermúdez. A obra traz depoimentos de gente que, em algum momento, compartilhou a jornada da vida com Jorge Mario Bergoglio. Uma das pessoas é o sacerdote Fernando Albistur, professor de ciências bíblicas do Colégio Máximo de San Miguel – onde Francisco foi reitor entre 1980 e 1986. Ele conta que, certa vez, falando sobre como se espalhou a devoção à Desatadora dos Nós na Argentina, o padre Jorge fez a ele uma comovente confidência: "Nunca me senti tão instrumento nas mãos de Deus".

"A Deus nada é impossível" (Lucas, 1, 37). A frase, dita a Maria pelo anjo Gabriel quando anunciou a Ela que conceberia Jesus, tornou-se uma das máximas do Cristianismo ao longo dos séculos. E a história de como nasceu e se propagou a devoção a Nossa Senhora Desatadora dos Nós pode ser apontada como exemplo perfeito do significado da expressão. Em apenas dez anos, entre 1986 e 1996, o quadro fixado na parede de uma igreja da Alemanha, de autoria incerta, passou da condição de obra de arte à qual poucos davam importância religiosa maior a símbolo de uma explosão de fé.

Capítulo 15
Graça por um milagre

Durante quase três séculos, Maria Knotenlöserin foi apenas um quadro de relevância religiosa e cultural menor e de autor incerto. Fixada em uma das paredes da Igreja de St. Peter am Perlach, em Augsburg, no sul da Alemanha, não tinha devotos, nem havia qualquer espécie de culto dedicado a Ela.

Tudo começou a mudar em 2013, depois que Jorge Mario Bergoglio se tornou o papa Francisco e a imprensa internacional passou a divulgar de maneira regular que Nossa Senhora Desatadora dos Nós é uma das muitas representações de Maria das quais o Pontífice é devoto. Assim, a cidade entrou espontaneamente no radar dos católicos e as visitas à igreja aumentaram de forma significativa.

Informações mais apuradas sobre a obra e seu autor começaram a ser pesquisadas apenas na segunda metade dos anos 1990, quando a Virgem passou a atrair multidões em Buenos Aires e os jesuítas de St. Peter am Perlach se viram diante da tarefa de remexer em 300 anos de história.

O primeiro passo foi certificar a autoria da obra. Evidências colhidas levaram o quadro a ser creditado ao artista alemão Johann Georg Melchior Schmidtner – apesar das fortes indicações levantadas, ainda hoje não há certeza absoluta de que tenha sido feito por ele.

A investigação trouxe à luz novas motivações para a criação do quadro. Até então, sabia-se apenas que o retrato fora inspirado pelo texto de autoria de Santo Irineu de Lyon, intitulado *Adversus Haereses*

(*Contra as Heresias*, em tradução livre do latim), no qual ele compara as atitudes de Eva e Maria quando colocadas frente a frente com o plano de Deus para suas vidas: Eva desobedece ao Criador e prova o fruto proibido oferecido pela serpente; Maria, obediente, aceita sem questionar a concepção pelo Espírito Santo. Assim, conclui Santo Irineu em seu ensaio teológico: "... O nó da desobediência de Eva foi desatado pela obediência de Maria; pois o que a virgem Eva atou por sua incredulidade, a Virgem Maria desatou por sua fé" (22, 4).

No retrato de Maria Knotenlöserin, o pedaço ainda enlaçado da fita branca oferecido por um anjo à Virgem simboliza a desobediência de Eva. Ao passarem pelas mãos de Maria, os nós se desfazem pela interferência do poder libertador da Imaculada e da misericórdia de Deus ali representados.

A pesquisa feita pelos religiosos de Augsburg apontou outras três inspirações na composição da obra, todas bíblicas. Do *Antigo Testamento*, a narrativa do *Gênesis* sobre o pecado original e o *Livro de Tobias*; do *Novo Testamento*, uma breve passagem do *Apocalipse* (12, 1).

No início dos anos 2000, um pesquisador católico argentino, Mario Horacio Ibertis Rivera, adicionou novos elementos à história da criação do quadro. Assombrado com o sincretismo religioso surgido em torno de Nossa Senhora Desatadora dos Nós e, ao mesmo tempo, maravilhado com a devoção despertada por Ela em milhares de fiéis em Buenos Aires, na Igreja de San José del Talar, decidiu estudar a origem da invocação. Ele defende, no livro *Maria Knotenlöserin – La Verdadera Historia*, editado na Argentina, em 2001, que a pintura foi feita por encomenda de um padre alemão para reverenciar o final feliz de certa história familiar. Rivera conta, no *site* de internet que criou para divulgar sua investigação, que chegou a esta conclusão após três anos de intenso trabalho de pesquisa na Alemanha, Itália e Argentina.

O pesquisador indica, com segurança, que o autor da obra é mesmo Schmidtner. Ele sustenta que, no final do século 17, o pintor foi procurado por Hieronymus Ambrosius Langenmantel (☆1641†1718), pároco de St. Peter am Perlach, e recebeu dele a incumbência de pintar um quadro para ornamentar o altar que a sua família doaria à igreja, em ação de graças – o gesto seria muito comum na época. A obra deveria remeter a um episódio: a intervenção da Virgem para preservar a união dos avós do sacerdote, episódio ocorrido 80 anos antes.

Com o casamento mergulhado em uma crise que parecia insolúvel, Wolfgang Langenmantel (☆1586 †1637) foi, segundo apurou Rivera, até o seminário da vizinha cidade de Ingolstadt, também na Baviera, para encontrar o jesuíta Jakob Rem (☆1546†1618). Ele, um nobre bávaro casado com Sophia Rentz (☆1590†1649), estava em busca de aconselhamento para superar dificuldades que enfrentava com a esposa.

Na época, os pouco mais de 80 quilômetros entre Augsburg e Ingolstadt eram longos e extenuantes até mesmo para alguém como Wolfgang, que tinha muito dinheiro e poderia usar os melhores recursos disponíveis. Mesmo assim, no espaço de exatos 28 dias, visitou o sacerdote quatro vezes, de acordo com Rivera. Durante esse período, cumpriu um ciclo não só de aconselhamento, como procurava no início, mas também de orações. As preces, feitas sempre diante da imagem de Nossa Senhora das Neves, um dos títulos da Virgem Maria, aos poucos ajudaram Wolfgang a resgatar o casamento.[28]

Ainda de acordo com o pesquisador, na última das sessões de oração, no dia 28 de setembro de 1615, o padre Rem usou um popular hábito bávaro da época para dar simbologia especial à série de ritos que encerrava. Nas solenidades de casamento, os noivos enlaçavam as mãos com uma fita branca, à qual chamavam de cinto matrimonial, representação da indissolubilidade da união perante Deus. Depois da cerimônia, os casais guardavam a peça como lembrança.

O jesuíta teria feito nós no cinto matrimonial do casal, com o propósito de simbolizar os problemas que enfrentava. No último dia do ritual, no mesmo compasso das orações ao lado do aristocrata bávaro, ia desfazendo cada laço. No final da prece, a tira branca de pano estava toda desenlaçada, símbolo da marca deixada por Maria sobre aquela crise conjugal.

Rivera tem uma versão própria para explicar a cena na qual são vistos na base do quadro, quase fora de contexto, o homem, o arcanjo e o cão. Apesar das claras coincidências com a história contada no *Livro de Tobias*, ele defende que o homem é Wolfgang Langenmantel, recebendo do arcanjo Rafael a orientação para chegar até o seminário onde está o padre Jakob Rem.

Tenha sido inspirada pelo *Livro de Tobias* ou pelo casamento em crise do nobre alemão, a alegoria da parte inferior da tela explica o fato de a Desatadora dos Nós ser considerada, por algumas comunidades – em especial na Argentina –, a protetora dos casamentos. Em conversas com religiosos, o próprio papa Francisco já destacou a cena como alusão ao fato de que esta acepção de Nossa Senhora está ligada de maneira estreita à proteção do matrimônio. Mas, tanto no país vizinho quanto no Brasil, passaram a ser atribuídas a Ela graças de todo tipo, razão pela qual se tornou a Santa que desfaz não apenas os nós do casamento, mas os da vida contemporânea.

---

[28] Nossa Senhora das Neves tem origem no século 4, na Itália. Há duas versões para a tradição. A primeira delas remete à história de um rico casal romano que, sem ter a quem deixar sua herança, pediu à Virgem Maria, em oração, um sinal sobre como deveria empregar a fortuna. Na noite de 5 de agosto de 352, os dois tiveram o mesmo sonho: a Imaculada pedia uma igreja em Seu nome, que deveria ser construída no exato ponto de Roma onde nevasse. Pela manhã, escaldante dia de verão europeu, extensa área do Monte Esquilino, uma das sete colinas de Roma, apareceu coberta pela neve. A outra versão só muda o personagem que teve a visão da Virgem em sonho. Seria o papa Libério. Construída entre 432 e 440, a igreja é associada ao título lendário da Virgem pelo menos desde o século 9, mas tem o nome oficial de Basílica de Santa Maria Maior. É o mais antigo templo consagrado à Virgem Maria e uma das quatro basílicas patriarcais de Roma. Várias cidades brasileiras têm Nossa Senhora das Neves como padroeira. Uma delas é João Pessoa, capital da Paraíba.

Capítulo 16

A Virgem que flutua entre o céu e a Terra

Um nicho estreito, localizado do lado direito do altar principal da Igreja de St. Peter am Perlach, no centro histórico de Augsburg, na Alemanha, abriga o modesto altar no qual está a pintura original que espalhou pelo mundo a devoção por Nossa Senhora Desatadora dos Nós. No espaço de cerca de 15 metros quadrados, o minúsculo altar com tampo de pedra apoia candelabros com velas nem sempre acesas. Um arco de volta perfeita, típico da arquitetura românica, adorna a entrada do lugar – parece ter sido feito para acompanhar o formato abobadado da tela.

A pintura atribuída a Johann Georg Melchior Schmidtner está fixada no fundo desse nicho. As paredes muito brancas e a luz direta que entra pela grande janela do lado direito fazem resplandecer o quadro de Maria Knotenlöserin, título que não se sabe quem deu e, menos ainda, quando surgiu. O retrato é ladeado por duas imagens, esculturas sustentadas por pedestais. À direita, está Santa Afra (☆data incerta †305), que morreu martirizada pelo imperador romano Diocleciano por ser cristã. À esquerda, Santo Ulrico (St. Ulrich, ☆890 †973), bispo de Augsburg, o qual ajudou a proteger a cidade da invasão magiar – etnia que deu origem à atual Hungria. Sob o seu comando foi reunida uma força popular de resistência ao cerco da cidade até a chegada do exército do imperador Otto I, que derrotou os invasores – o conflito, conhecido como a Batalha de Lechfeld, ocorreu em 10 de agosto de 955.

A entrada até o pequeno altar não é permitida aos fiéis. Uma corda indica que a passagem é proibida e no chão está o aviso, colocado em posição estratégica: *VORSICHT ALARM* – em bom alemão, um alerta para que os mais fervorosos se contenham, pois, caso o limite seja ultrapassado, o alarme sonoro será disparado. Aos devotos são oferecidos dois porta-velas. Neles, as pessoas podem materializar sua devoção.

A versão original da Desatadora dos Nós foi pintada em óleo sobre uma tela de 1,82 m de comprimento por 1,10 m de largura. O quadro é considerado por especialistas um legítimo exemplar do estilo conhecido como barroco, que floresceu na Itália, no final do século 16, e chegou à Alemanha só na segunda metade do século seguinte.

A tela mostra a Virgem flutuando entre o céu, com muita luminosidade, e a Terra, na penumbra. Ela usa um vestido vermelho e está coberta pelo tradicional manto azul, de tonalidade escura – parece estar suspenso às suas costas, dando ao observador a ideia de que recebe uma lufada.

A Desatadora se apoia sobre a Lua crescente e, com o pé esquerdo, domina a serpente – representação do mal –, que mostra suas presas. Apenas parece tocá-la. O artista passa ao observador a impressão de que a simples presença de Nossa Senhora submete o animal ao seu domínio. A serpente se debate diante da presença da Virgem e seu corpo se contorce, formando, também, um nó, como os da tira de pano que Maria segura.

Em torno da cabeça da Imaculada, estrelas douradas compõem a alegoria de uma coroa – são sete aparentes, embora a representação clássica seja a de 12 estrelas (referência às tribos de Israel e aos apóstolos de Cristo), fazendo supor que outras cinco estejam cobertas. O quadro é encimado por uma pomba branca, símbolo ancestral do Espírito Santo usado em grande parte das obras religiosas. Ele é origem da luz intensa que se irradia para toda a cena.

Nossa Senhora tem a cabeça inclinada para o lado esquerdo. Com expressão serena e de notável paciência, dirige o olhar para um dos nós da fita branca que está desenlaçando. A fita pende para os dois lados. À Sua esquerda, um anjo envolto em vestes que vão do laranja ao dourado olha com atenção para as mãos da Virgem. Ele parece pairar no ar e segura, com uma das mãos, o pedaço da tira ainda embaraçada, com pequenos e grandes nós. Do lado oposto, outro anjo, com vestes brancas e apoiado sobre uma nuvem, ajoelha-se sobre uma das pernas. Exibe, já todo liso, o pedaço da fita que passou pelas mãos redentoras de Maria. Nas duas laterais, grupos de anjos fazem a representação do Paraíso e também observam o cuidadoso trabalho da Imaculada.

Na parte inferior do quadro, o artista dá tons dramáticos à cena. Toda a luminosidade que emana do Espírito Santo se transforma em escuridão. Nesta barra, feita em matizes de marrom, o arcanjo toma o homem pela mão e parece orientá-lo, apontando o caminho que deve seguir. A presença de um cão junto aos dois é imperceptível aos menos atentos.

É impossível determinar a data exata na qual Maria Knotenlöserin foi pintada. Estima-se que tenha sido na virada do século 17, entre 1699 e 1701, mas há registros na Alemanha apontando, com duvidosa precisão, o ano de 1697. Ao longo dos mais de três séculos passados desde que a tela foi colocada em St. Peter am Perlach, apenas por um curto período deixou de ser exposta ali. Por razões que se perderam no tempo, na década de 1920 a pintura esteve no Convento das Carmelitas Descalças, na própria cidade, segundo apurou o pesquisador Mario Horacio Ibertis Rivera.

Pela reduzida importância artística e religiosa que tinha à época, é quase certo que a ausência foi pouco notada.

Capítulo 17
Três séculos de anonimato

Até meados dos anos 1990, quem entrasse na Igreja de St. Peter am Perlach, em Augsburg, e perguntasse o nome do autor da pintura que mostra a paciente Virgem desenlaçando nós poderia ter de volta a resposta curta e grossa: "Ninguém sabe". Para o arcebispado local, o quadro era de um autor desconhecido.

Foi o fenômeno devocional que explodiu em Buenos Aires a partir da segunda metade da década de 1990 que motivou os religiosos alemães a buscarem informações que pudessem elucidar o mistério da autoria de Maria Knotenlöserin. Com os indícios levantados, a obra passou a ser atribuída a Johann Georg Melchior Schmidtner, embora a tela nem mesmo esteja assinada.

Schmidtner nasceu em Augsburg, em 1625, e morreu ali mesmo, em 1705, aos 80 anos. Foi aluno de um dos mais brilhantes pintores barrocos alemães, Johann Heinrich Schönfeld, autor de peças religiosas para igrejas da Baviera. Ele passou 15 anos na Itália, aprendendo técnicas de pintura com mestres locais, quando este estilo artístico já era difundido em quase todos os países católicos da Europa, mas não na Alemanha. Por essa razão, a produção alemã do gênero, como é o caso de Nossa Senhora Desatadora dos Nós, é chamada, com frequência, de barroco tardio, ou alto barroco.

Apesar de todo o tempo vivido na Itália, foi no sul da Alemanha que Schmidtner deixou seu legado artístico em quadros e retábulos

– como são chamadas as estruturas decorativas elevadas na parte de trás do altar.

Augsburg guarda uma das importantes peças religiosas feitas por ele: Os sete dons do Espírito Santo (*Die Sieben Geschenke des Heiligen Geistes)*, pintada, estima-se, em 1685. Está exposta no Palácio Schaezler (Schaezlerpalais), construído no século 18 pelo banqueiro Liebert von Liebenhofen e que abriga um museu de arte barroca alemã. Schmidtner está ao lado de mestres do gênero como Albrecht Dürer, Hans Holbein e Lucas Cranach.

Outra obra do artista, de 1685, está em Mickhausen: Descida de Cristo da Cruz (*Kreuzabnahme Christi*), feita para o retábulo da Igreja Paroquial de São Wolfgang e considerada uma das mais belas do barroco alemão.[30]

Em Lamerdingen, ele assina o retábulo da histórica Igreja de São Martinho (Pfarrkirche St. Martin). Fez, acredita-se que em 1690, o retábulo do altar principal, obra conhecida como Gravação de São Martinho no Céu (*Aufnahme des Hl. Martin in den Himmel*).[29]

Seu mais antigo trabalho datado por especialistas foi destruído. Transfiguração (*Verklärung*), retábulo feito em 1657 para a Igreja de São Salvador (St. Salvator Kirche), em Augsburg, foi destroçado por bombardeios da Real Força Aérea Britânica em fevereiro de 1944, durante a Segunda Guerra Mundial.

Embora a face mais conhecida de sua obra seja a pintura, Schmidtner também produziu muitos desenhos. Há trabalhos dele espalhados por várias cidades alemãs, em especial as duas maiores do sul do país, Munique (capital da Baviera) e Stuttgart.

São raras as informações pessoais disponíveis sobre o pintor, ao contrário do que ocorre com os nomes de ponta da arte barroca alemã, como Cosmas Damian Asam, Adam Elsheimer, Johann Liss e Sebastian Stoskopff. O fato pode indicar que nunca foi considerado um artista de primeiro nível em seu país e só ganhou reconhecimento – se não dos críticos, ao menos do público – a partir do momento em que fotografias do quadro atribuído a ele se espalharam pelo mundo na forma de santinhos. Não se sabe nem mesmo se era católico, embora os ícones identificados em sua Maria Knotenlöserin revelem que tinha bons conhecimentos da *Literatura Sagrada*.

---

[29] Conhecido como São Martinho de Tours, o personagem central da obra de Schmidtner em Lamerdingen viveu no século 4 (☆315 ou 316 †entre 395 e 402). Ainda na infância, quando o Cristianismo começava a ser tolerado pelo Império Romano, aproximou-se da Igreja Católica. Para afastá-lo da prática religiosa, na adolescência, seu pai o alistou no exército do imperador romano Constantino I. Ele foi designado para servir na Gália (atual França), onde aconteceu o episódio que, segundo a tradição católica, transformou em definitivo a vida do soldado. Em um dia de rigoroso inverno, encontrou um mendigo que tremia de frio e pedia esmolas. Sem dinheiro, Martinho sacou sua espada, cortou do próprio manto um pedaço e deu ao pedinte. À noite, Jesus apareceu-lhe em sonho. Usava o mesmo retalho de pano que ofereceu ao mendigo e agradeceu por tê-lo aquecido. Ele entendeu como um sinal para abandonar o exército e abraçar de vez a religião. São Martinho chegou a ser bispo de Tours e foi aclamado pelo povo da cidade. Alguns séculos depois de sua morte, na Idade Média, era um dos santos mais venerados na Europa. Foi o primeiro não martirizado a receber culto oficial da Igreja Católica. Só na Alemanha, há mais de 650 paróquias dedicadas a ele.

[30] Pouco conhecido nos países católicos de língua latina, São Wolfgang (☆por volta de 934 †entre 972 e 974) foi bispo de Ratisbona, na Baviera, e se tornou um dos mais populares santos alemães no século 11, quando foi canonizado. Foi tutor de Henrique II, imperador do Sacro Império Romano-Germânico, que se tornaria Santo Henrique II.

Capítulo 18

O berço de Maria Knotenlöserin

A Igreja de St. Peter am Perlach, que guarda o retrato original de Maria Knotenlöserin, está situada no ponto que pode ser considerado o marco zero de Augsburg: a Praça da Prefeitura (Rathausplatz). O lugar abriga um conjunto arquitetônico de grande valor histórico e cultural, que começou a ser construído em algum momento do século 10. É integrado, ainda, pela Torre Perlach (Perlachturm), pelo edifício da Prefeitura (Augsburger Rathaus) e pela Fonte de Augusto (Augustusbrunnen), homenagem ao fundador do Império Romano e seu soberano quando a cidade foi assentada.

A igreja era uma ilha de tranquilidade e silêncio, até que o padre Jorge Mario Bergoglio espalhou a devoção por Nossa Senhora Desatadora dos Nós pela América do Sul. Tudo mudou ainda mais quando ele se tornou o papa Francisco. A história ganhou projeção na mídia internacional a partir dos jornais alemães, atingiu toda a Europa, e o templo transformou-se em ponto quase obrigatório de parada de católicos de todo o mundo. Muitos levam seus nós à Virgem, outros buscam ter o mesmo ponto de vista da invocação da Imaculada que deslumbrou o Sumo Pontífice.

A história de St. Peter am Perlach é incerta. Registros locais apontam que foi erguida em madeira, antes do ano 800, e reconstruída em alvenaria quase três séculos depois, por volta de 1070. A igreja já havia adquirido o estilo arquitetônico atual, chamado românico, e Maria Knotenlöserin ornamentava há tempos uma de suas paredes, quando o rei da Baviera, Maximiliano I José, decidiu, no início do século 19, demolir o templo no processo de secularização iniciado na região. Mas uma sociedade civil que ainda hoje cuida da administração de St. Peter am Perlach conseguiu evitar a destruição do prédio.

A igreja escapou do monarca bávaro, mas não do maior conflito armado do século 20. Foi bastante danificada pelos bombardeios da Real Força Aérea Britânica, em fevereiro de 1944, penúltimo ano da Segunda Guerra. A comunidade jesuíta que se instalou ali logo depois da rendição alemã ajudou bastante no trabalho de restauração – a congregação permaneceu cuidando do serviço religioso até 2010.

Dedicada a São Pedro, o primeiro Papa, ao longo do tempo ganhou um complemento no nome: am Perlach (contração de *Perlachturm* – Torre Perlach, a estrutura integrada ao templo). Na cidade, muitos a chamam apenas de Perlach Kirche, ou Igreja da Perlach. A construção é pequena, espremida pela exuberância do conjunto arquitetônico, e pode até passar despercebida por alguém desavisado. A entrada, por uma porta lateral, é acanhada.

A Torre Perlach, contígua à igreja, é uma estrutura de 70 metros – o equivalente a um edifício de 23 andares –, de onde se tem a melhor vista da cidade. Em dias muito claros, dizem os nativos, dali é possível até mesmo observar os Alpes suíços, a 300 quilômetros de distância.

Construída em 989 como posto de observação militar, com 30 metros de altura, a torre teve sua primeira mudança estrutural significativa no século 16, quando dobrou de tamanho – foi a 63 metros – e ganhou um sino. No início do século seguinte, durante a construção do prédio da Prefeitura, recebeu as últimas modificações importantes, que a deixaram com a aparência e altura atuais.

Também foi alvo da aviação britânica durante a Segunda Guerra. Em 1944, os nazistas instalaram baterias antiaéreas em seu topo, tornando-a alvo prioritário dos bombardeios ingleses. Todo o andar superior foi incendiado. A restauração só foi concluída em 1950.

O último dos edifícios históricos que compõem a praça é o da Prefeitura, erguido entre 1615 e 1624 por Elias Holl (☆1573†1646). É considerado por especialistas europeus um dos mais importantes exemplares da arquitetura renascentista alemã e também foi danificado no devastador bombardeio inglês de fevereiro de 1944. Restaurado em várias etapas, readquiriu características muito próximas às originais.

Destaca-se, no prédio, o Salão Dourado (Goldener Saal). O artista Johann Matthias Kager (☆1566†1634) usou mais de dois quilos de folhas de ouro de fina espessura para cobrir o teto, de 550 metros quadrados, decorado também com várias pinturas – dentre as quais a que mais se sobressai é a da mulher em uma carruagem, com cetro e coroa, simbolizando a virtude da sabedoria. Nas paredes, afrescos celebram imperadores como os romanos Constantino I (primeiro soberano de Roma a se declarar cristão, em 313) e Teodósio I (que proibiu a adoração pública dos antigos deuses romanos e tornou o Cristianismo a religião oficial do Império, em 380).[31]

Augsburg foi fundada como guarnição militar, no século 15 a.C., pelo general Nero Cláudio Druso (☆38 a.C.†9 a.C.). Ele deu ao lugar, no latim, que era o idioma oficial do Império Romano, o nome de Augusta Vindelicorum. Localizado em um ponto estratégico da Europa, o povoado sempre foi bastante disputado – ao longo da História, foi tomado pelos hunos (século 5), por Carlos Magno (século 8) e por Welf I da Baviera (século 11). Integrou, de forma sucessiva, o Sacro Império Romano-Germânico, a Confederação Germânica, o Reino da Prússia e o Império Alemão, até fazer parte da Alemanha moderna unificada, depois da Primeira Guerra Mundial.

A cidade tornou-se importante centro econômico entre o final da Idade Média e o início da Moderna. Os responsáveis pelo rápido desenvolvimento foram os irmãos Fugger, donos de um império de comércio e finanças que se estendeu por toda a Europa. Algumas das obras erguidas com o dinheiro da família podem ser vistas ainda hoje, casos da Capela Fugger (Fuggerkapelle, na Igreja de

Santa Ana) e o Fuggerei, mais antigo projeto de habitação social conhecido no mundo – ambos são do início do século 16. O poder financeiro da família pode ser avaliado pelo patrimônio de apenas um deles, Anton Fugger (☆1493 † 1560). Em meados dos anos 1500, era considerado o homem mais rico do mundo.

Augsburg é reconhecida também como lugar de destaque cultural. O poeta, dramaturgo e teatrólogo Bertold Brecht (☆1898 † 1956) nasceu ali e é homenageado todos os anos com o *Brecht Festival*. Um dos maiores compositores clássicos da história da música, Wolfgang Amadeus Mozart (☆1756 † 1791), tem um pé na cidade. Seu pai, Johann Georg Leopold Mozart (☆1719 † 1787), também músico, é filho da terra. Por isso, todos os anos a cidade realiza o *Mozartfest*, festival durante o qual orquestras de toda a Europa executam obras de pai e filho.

Com pouco mais de 280 mil habitantes, de acordo com dados de 2014 do Serviço Nacional de Estatísticas da Alemanha, é a terceira maior cidade da Baviera. Só é menor, na região, que Munique e Nuremberg, que entraram para a história da humanidade. Munique foi palco do atentado do grupo terrorista Setembro Negro contra atletas israelenses durante os Jogos Olímpicos de 1974, operação que acabou com 17 mortos; Nuremberg sediou, entre 1945 e 1946, o tribunal que julgou os criminosos nazistas da Segunda Guerra.

---

[31] O Cristianismo oficializado e professado pelo Império Romano é o referendado pelo Concílio de Niceia, convocado pelo imperador Constantino I pouco tempo depois de declarar-se cristão. O encontro, realizado no ano 325 onde hoje é a cidade turca de İznik, teve o propósito principal de unificar o entendimento da Igreja sobre a natureza de Jesus Cristo. Na época, grande número de cristãos passou a contestar a natureza divina de Jesus, ideia defendida pelo padre Ário, de Alexandria (Egito). O concílio, do qual participaram cerca de 300 bispos e delegados, aprovou o documento que define Jesus como sendo "da substância do Pai, Deus de Deus, Luz da Luz, Deus verdadeiro de Deus verdadeiro, gerado e não criado, consubstancial ao Pai".

Capítulo 19
A escolha de Nossa Senhora

O terço tinha mais de 20 metros de comprimento e fora confeccionado com bolas coloridas de isopor, representando as contas do rosário. Dezenas de balões de gás o levariam aos céus da baía de Guanabara naquele sábado ensolarado de maio de 1997. Era o ponto alto da tradicional festa do calendário da Arquidiocese do Rio de Janeiro, a "Tarde com Maria", evento em homenagem a Nossa Senhora, que completava dez anos.

Milhares de católicos se amontoavam em frente à Catedral Metropolitana do Rio, a moderna igreja inspirada na forma das naves espaciais do programa Apollo, realizado pelos Estados Unidos nas décadas de 1960 e 1970. Toda aquela gente aguardava o momento de saudar com palmas a imensa fiada de esferas assim que ela alçasse voo.

A atmosfera entre os fiéis era de congraçamento e festa, mas uma pessoa, em especial, mostrava sinais evidentes de inquietação. A advogada Isis Terezinha Cunha Penido estava ansiosa. Depositara no enorme terço a esperança de realizar o desejo pessoal que se tornara urgente nos últimos meses: construir, no exato lugar onde a peça de bolas de isopor caísse, uma capela para a Virgem Maria, que lhe deu, poucos anos antes, a maior das muitas graças pedidas ao longo da vida.

Em dezembro de 1994, seu marido, o engenheiro Paulo Penido, sofreu um agressivo acidente vascular cerebral (AVC). No complexo e delicado período de recuperação do esposo, ela entregou todas as suas orações a Nossa Senhora. Erguer a capela para a Imaculada em agradecimento à vida do marido passara a ser quase uma obsessão.

Isis tinha duas fortes devoções. A primeira vinha do berço: Santa Teresa de Lisieux[32], que despertou o fervor de sua família nas primeiras décadas do século 20. Uma antepassada sua fez promessa à então beata Teresa (título anterior ao de santo nos processos de canonização). Recebeu a graça de engravidar de uma menina e deu a ela o nome de Maria Theresa. Desde então, homenagear a Santa tornou-se tradição familiar. Foi assim com a maior parte das mulheres das três gerações seguintes, doze no total, inclusive a própria Isis. A mais nova delas a glorificá-la é Maria Theresa, sua neta, batizada pelo papa João Paulo II na Capela Sistina, em Roma.

A outra devoção vinha da infância, vivida em Belo Horizonte, nas Minas Gerais: Nossa Senhora das Graças, representação da Virgem Maria que teve origem na primeira metade do século 19.[33] Isis dedica a Ela um oratório no jardim de inverno de sua casa, no bairro de São Conrado, no Rio de Janeiro.

– Eu estava decidida a construir a capela no lugar onde o terço caísse. Como eu era coordenadora da "Tarde com Maria", coloquei atrás da medalha de Nossa Senhora das Graças que havia no terço um cartaz com nomes e números de telefones dos integrantes do grupo. Pedia a quem encontrasse para nos avisar – conta ela.

Dois dias depois do evento, o telefone da Rádio Catedral, emissora oficial da Arquidiocese do Rio de Janeiro, tocou. Alguém falava de Magé, município da região metropolitana do Rio de Janeiro, no extremo da baía de Guanabara. Dizia ter encontrado na praia conhecida como Mauá "uma coisa esquisita" e que estava amarrado a ela o pedido para fazer contato.

– Eu vibrei, o lugar para construir estava escolhido. Era só comprar o terreno e começar a erguer – conta Isis.

Nos dias seguintes, ela começou a procurar a área onde, enfim, poderia cumprir a promessa feita à Virgem. O caminho que percorreria, porém, seria muito acidentado. As complicações foram surgindo uma atrás da outra.

– Todo terreno disponível tinha problema. De documentação, de legislação... Olhamos vários e tentei de todo jeito. Fui até falar com o prefeito da cidade na época para conseguir algum tipo de ajuda. Nada deu certo – diz.

Houve um momento, meses depois de várias investidas malsucedidas em razão dos muitos empecilhos, em que Isis começou a questionar a intensidade da própria fé. Foi encontrar seu orientador espiritual, o mexicano d. Rafael Cifuentes, bispo emérito de Nova Friburgo, para falar da sua frustração. Disse que não conseguia entender por qual razão uma iniciativa boa de alma e coração parecia tão difícil de ser realizada. E perguntou em tom de desabafo:

– Será que Nossa Senhora está de mal de mim?

A resposta do bispo, lembra, foi um "chacoalhão" no espírito:

– Ele disse assim: 'Minha filha, Deus sabe mais. Você está colocando a sua vontade à frente do desejo Dele e de Nossa Senhora. Ela sabe de sua intenção; quando for a hora, vai te mostrar o lugar certo'.

O encontro com d. Rafael aplacou a aflição de Isis. Ela entendeu que os desígnios Divinos não seguiam os mesmos ritmo e roteiro traçados por sua ansiedade. Ergueria, sim, a capela para Maria, mas não do seu jeito.

Pouco tempo depois daquela sucessão de fracassos em Magé, a Imaculada cruzaria o seu caminho outra vez, agora de maneira vigorosa: conheceria a força de Nossa Senhora Desatadora dos Nós. Sem aviso prévio, ela se tornaria um dos elos da corrente de fé que começava a se formar no Brasil.

Na segunda metade dos anos 1990, o frei franciscano Hans Stapel passou pela mesma experiência de encantamento vivida pelo papa Francisco mais de dez anos antes, em 1986, quando era padre em Buenos Aires e recebeu pelo correio um cartão postal com o retrato da Santa. Alemão de Paderborn, no Estado da Renânia do Norte-Vestfália, frei Hans foi conhecer a Igreja de St. Peter am Perlach, em Augsburg. Ficou fascinado com o quadro de Maria Knotenlöserin, o nome germânico da Desatadora.

– Eu gostei muito da imagem e trouxe estampas dela para o Brasil – lembra ele, que, desde a primeira metade da década de 1980, mantém em Guaratinguetá, no interior de São Paulo, a obra social chamada Fazenda da Esperança.[34]

De Augsburg, os cartõezinhos que o frei Hans trouxe foram parar na Canção Nova, comunidade inspirada pelo Movimento Católico Carismático, fundada em 1978 e instalada em Cachoeira Paulista, a cerca de 30 quilômetros de Guaratinguetá.

– Desde que cheguei a Guaratinguetá como pároco da Igreja de Nossa Senhora da Glória, nos anos 1970, tenho relacionamento com o padre Jonas Abib e com a Luzia Santiago – diz, referindo-se a duas das principais lideranças da Canção Nova.

– Eu sabia que a comunidade estava passando por dificuldades quando voltei de Augsburg com os santinhos. Pensei: 'esta Virgem Maria pode ser uma inspiração para ajudá-los a superar os problemas'.

E, de fato, a Virgem tornou-se a força espiritual imaginada pelo frei Hans. Não demorou para que a Santa ganhasse seu primeiro espaço em uma das principais atrações da TV Canção Nova, *O Amor Vencerá*, programa apresentado por Luzia Santiago. Quando conduzia a oração, ela suplicava a intercessão da Desatadora. A resposta positiva do público foi imediata. Assim, Luzia pediu à produção do programa que estudasse qualquer forma de dar maior visibilidade à Virgem. A estampa enviada pelo frei Hans, então, foi transformada em cenário.

– Nossa Senhora Desatadora dos Nós tornou-se conhecida e amada em todo o Brasil dessa maneira – recorda ela.

O Amor Vencerá fez da pedagoga Maria Inês Goulart de Oliveira outro dos elos da cadeia de devoção que levou a Santa até a advogada Isis Penido. Certa manhã de 1998, assistindo ao programa de Luzia Santiago, Maria Inês maravilhou-se com a imagem estampada no cenário. Jamais vira aquela acepção de Maria.

– Era linda. Aprendi a oração, fiz o primeiro pedido, um problema familiar, e fui atendida – relembra ela, que vive em Cantagalo, município a pouco mais de 200 quilômetros do Rio de Janeiro.

Entusiasmada com a graça recebida, Maria Inês mandou imprimir centenas de santinhos com a imagem da Desatadora. Nem lembra onde conseguiu o cartão que serviu de matriz para levar à gráfica, mas se tornou missionária informal da Santa. Distribuía sempre que, acreditava, alguém precisava da ajuda da Virgem poderosa. Pouco tempo depois, deixou um dos cartões nas mãos de Isis Penido.

As duas se conheceram em Búzios, o badalado balneário da Região dos Lagos do Rio que ganhou notabilidade internacional em 1964, quando a atriz francesa Brigitte Bardot passou duas temporadas na cidade ao lado do namorado, o marroquino naturalizado brasileiro Bob Zagury. Então, grandes jornais brasileiros e agências de notícias internacionais descobriram o paraíso quase intocado do litoral fluminense.

Maria Inês comprara uma casa de veraneio em um condomínio do bairro de Geribá e tornara-se muito próxima de sua vizinha, Isis, já na época convertida em cidadã da terra pelas mãos do marido Paulo, frequentador do balneário desde a adolescência. Ele é sobrinho do advogado Osvaldo Maia Penido, proprietário do solar construído no século 18, no trecho hoje conhecido como Orla Bardot. O casarão ganhou fama nacional por hospedar várias vezes o ex-presidente Juscelino Kubitschek, de quem Osvaldo foi ministro-chefe do Gabinete Civil – JK foi, inclusive, padrinho de casamento de Isis e Paulo.

Maria Inês sabia que Isis enfrentava um sério problema familiar à época, por isso ofereceu o santinho. Falou maravilhas da energia espiritual da Santa e sugeriu a ela fazer a novena da TV Canção Nova.

Católica desde que, como define, se reconhece por gente, Isis já ouvira falar da Desatadora, mas nunca se interessara em conhecer um pouco mais daquela devoção. Quando Maria Inês contou os prodígios que a invocação vinha realizando na vida de tanta gente – inclusive na dela própria –, Isis entendeu como um sinal dos céus.

– Só podia ser. Nossa Senhora sempre teve grande importância na minha vida. Estava estendendo a mão para mim, de novo, naquele momento de grande aflição – lembra.

Ela fez a novena sugerida pela amiga, alcançou a primeira graça que encomendou – "um problema muito delicado, grave", conta – e tornou-se, também, missionária informal.

Na mesma Búzios onde a Virgem Desatadora se revelou pelas mãos da amiga Maria Inês, Isis frequentava a Igreja de Sant'Anna e Santa Rita de Cássia. Ali, construiu um relacionamento sólido e fraternal com o padre Ricardo Whyte, espécie de desbravador espiritual da cidade. Chegou para missionar em 1989, época em que o balneário era associado apenas ao prazer e ao culto do corpo, e acabou criando a primeira paróquia local.

– Eu nunca tinha ouvido falar dessa invocação. A Isis me deu a novena, falou da importante graça que recebeu e me interessei. Rezei a novena, fiz um pedido e alcancei – recorda-se o padre.

No começo dos anos 2000, o trabalho de promoção feito por Maria Inês, Isis e padre Ricardo já levara Nossa Senhora Desatadora dos Nós a fincar raízes em Búzios. Muita gente venerava a Santa, mas, como ocorrera em Buenos Aires anos antes, não havia lugar público onde os devotos pudessem levar orações e pedidos.

Certo domingo, em janeiro de 2001, Isis procurou o padre Ricardo depois da última missa do dia e propôs que ele criasse um pequeno espaço para a Desatadora na Igreja de Sant'Anna e Santa Rita.

– Eu pensei em alguma coisa modesta: colocar o quadro Dela na parede, por exemplo. Se não tinha a capela, que fosse ao menos um "altarzinho" para as pessoas orarem – recorda-se ela.

Na época, a igreja era muito pequena, não havia espaço sequer para fazer o "altarzinho", mas padre Ricardo teve um lampejo. Levou Isis até a porta de entrada, mostrou a área tomada pelo mato, do lado esquerdo, e contou que reservara aquele lugar para a Imaculada há algum tempo. Queria construir uma gruta em homenagem a Nossa Senhora de Lourdes[35] quando a paróquia tivesse dinheiro. Mas se Isis quisesse, poderia fazer ali não o "altarzinho" que imaginou, mas uma capela.

– O espaço era para a Virgem Maria. E Ela é única, seja a de Lourdes ou a Desatadora – lembra ele.

No mesmo instante, Isis passou a ter o entendimento claro do que d. Rafael Cifuentes disse quando foi se queixar dos insucessos em série de Magé, quatro anos antes: "Ela sabe da sua intenção; quando for a hora, vai te mostrar o lugar certo".

– Era o sinal que eu esperava há tanto tempo. Se fosse construir onde o terço de bolas coloridas caiu, com certeza seria uma capela para Nossa Senhora das Graças, minha grande devoção na época. Era para ser da Desatadora dos Nós, por isso não deu certo em Magé. E o mais incrível disso tudo é que eu nunca havia contado para o padre Ricardo o meu desejo de homenagear a Virgem Maria com uma capela – recorda.

Isis voltou correndo para casa, ansiosa para relatar ao marido a oferta do padre. Encontrou Paulo na sala, conversando com um casal de noivos – o rapaz, Orlando Tristão, filho de um amigo; a moça, jamais tinha visto.

– Eu cheguei tão entusiasmada que fui logo contando a minha história, nem cumprimentei as pessoas. E para minha surpresa, a menina era arquiteta. Só podia ser intervenção dos céus – define.
A "menina" era Andrea Andrade que, ao testemunhar a empolgação

de Isis, se ofereceu para fazer o projeto arquitetônico da Capela de Nossa Senhora Desatadora dos Nós. Em menos de uma hora daquele domingo de janeiro de 2001, dois de seus nós se desfizeram. Ela não perdeu tempo. Começou a semana acionando sua ampla rede de relacionamentos no Rio de Janeiro e em Belo Horizonte para cumprir o mais rápido possível a promessa que fizera à Virgem. Estava decidida a fazer da sua igrejinha uma obra de arte.

A primeira pessoa contatada foi Lucy Sá Peixoto, viúva do escultor José de Sá Peixoto, a quem ofereceu a curadoria da capela. Ela não só aceitou como ainda doou para o projeto a belíssima Nossa Senhora que começou a ser esculpida pelo marido e seria finalizada pelo filho, o também artista plástico Sá Peixoto Júnior.

As obras começaram no dia 12 de março e não faltaram problemas burocráticos para a aprovação do projeto.

– Tivemos muita dor de cabeça, apareceram adversidades com a burocracia da prefeitura – recorda o padre Ricardo.

– Nossa Senhora estava com a gente. Todos os nós que surgiram foram desatados – diz Isis.

A documentação já estava regularizada, no dia 9 de junho de 2001, quando a obra estava pronta para receber o acabamento. Antes que os pedreiros começassem a cobrir as paredes com reboco, Isis decidiu fazer um ritual. Pediu aos devotos do seu relacionamento que escrevessem pedidos à Virgem em pequenos pedaços de papel e os enfiassem entre os tijolos. Ao mesmo tempo, preparou o texto no qual conta a história da construção e enterrou no mesmo local onde fica o altar. Criou, por instinto, um vínculo de fé das pessoas com a capela que, descobriu naqueles dias, seria a primeira do mundo dedicada com exclusividade à Desatadora dos Nós.

– Havia várias igrejas com altares dedicados a Ela, como em Buenos Aires, mas espaço exclusivo era o primeiro – lembra o padre Ricardo.

No final da manhã do dia 8 de setembro de 2001, centenas de pessoas se espremiam na avenida José Bento Ribeiro Dantas, no bairro de Geribá, para assistir à inauguração da igrejinha erguida em nome da Virgem Desatadora dos Nós. Quem observava da rua o prédio projetado pela arquiteta Andrea Andrade tinha a percepção de grandiosidade. As formas que deu à capela a tornaram imponente.

Como Isis havia imaginado, era uma joia de rara beleza. Ela e Lucy Sá Peixoto, a curadora, pensaram em cada detalhe e reuniram vários artistas para colaborar. Na parte externa, Hildebrando Lima moldou, em resimármore (mistura de pó de mármore, resina e pigmento), o Espírito Santo e os anjos que guardam a porta de entrada, cada um segurando pontas de fitas enlaçadas; a artista plástica Cláudia Márcia Miranda cobriu as portas com pátina; Valquíria Young doou azulejos pintados à mão para o pórtico; o escultor Santos Sobrinho criou a peça em vidro que mostra a Virgem Maria no veleiro; e Hugo Desmaziéres pintou, na parede do fundo da capela, o painel no qual se viam a igreja matriz e, ao lado dela, a própria Santa Rita – esta obra se deteriorou pela ação do tempo e foi apagada.

Na parte interna, destaca-se o retábulo de autoria do pintor italiano Sérgio Martinolli, o tríptico de Nossa Senhora com 2,40 m de altura; e o artesão João do Nó fez o belo adorno em fibras naturais, uma corda extensa que contornava todo o teto até formar um imenso laço na parede lateral – esta obra também se desgastou por causa do excesso de umidade. Coube ao decorador Mário Borriello fazer o arranjo final da capela. São 33 cadeiras adquiridas em antiquário, número que faz referência à idade de Jesus Cristo quando foi crucificado.

No dia da inauguração, Isis deu início ao ritual que se tornou marca da capela. Pediu aos fiéis para colocarem seus pedidos à Santa em uma caixa disponível ao lado do altar. Depois da missa, os papeizinhos foram recolhidos e queimados, gesto que simboliza o envio dos nós de cada um aos céus, em forma de fumaça, para encontrar as mãos da Mãe de Deus.

Quando os padres Ricardo Whyte e Manoel Rodrigues da Cruz, vigário-geral da Arquidiocese de Niterói que representou o arcebispo d. Carlos Alberto Navarro, terminaram de celebrar a primeira missa da igrejinha, ao ar livre, Isis se sentia confortada por ter conseguido, enfim, cumprir a promessa feita para a Virgem Maria. Nas semanas seguintes, ela descobriria como seu gesto mudaria de maneira definitiva o perfil da cidade.

– Búzios começou a atrair católicos de todo o Brasil e a paróquia virou de cabeça para baixo. Eu não imaginava que fosse aparecer tanta gente da noite para o dia: eram peregrinos chegando em *vans*, ônibus, muitos vindo de carro. A Igreja de Sant'Anna e Santa Rita, a matriz, não tinha estrutura para acolher todo aquele povo. Precisei fazer obras de melhoria: dobrei o tamanho e construí banheiros... – conta o padre Ricardo.

As missas dominicais dedicadas à Desatadora, celebradas com gente espalhada por cadeiras de plástico do lado de fora, logo foram transferidas para a matriz.

Em pouco tempo o padre se viu diante de um novo desafio. Fiéis que tiveram seus pedidos atendidos queriam agradecer Nossa Senhora com ex-votos, como são chamadas as peças oferecidas como agradecimento por graças recebidas – em geral de cera ou madeira, representando partes do corpo, ou mesmo um objeto. O pároco olhou para o único espaço que tinha, as paredes laterais da igreja matriz, e as liberou. Em pouco tempo estavam forradas de placas de gratidão.[36]

Antes que completasse um ano, em agosto de 2002, a capela ainda abrigaria sua primeira cerimônia de casamento, de Orlando e Andrea, a autora do projeto arquitetônico. Isis e Paulo foram padrinhos; padre Ricardo Whyte celebrou.

A Capela da Desatadora dos Nós transformou Búzios. Colocou o balneário chique e de gente bonita, onde as pessoas gostam de ver e serem vistas, no roteiro de lugares célebres para o catolicismo brasileiro. Nas contas da Paróquia de Sant'Anna e Santa Rita de Cássia, a igrejinha recebe, em média, mais de cem mil pessoas por ano, devotos que deixam o registro de sua presença no livro de visitas.

A transformação do balneário pela história vivida por Isis Penido e padre Ricardo Whyte entusiasmou a jornalista carioca Maria Fernanda Quintela, da Céu Aberto Filmes, a produzir um documentário sobre a presença de Nossa Senhora Desatadora dos Nós em Búzios.

– Moro na cidade há mais de 20 anos e acompanhei de perto a mudança provocada desde que a capela foi inaugurada. Surgiu o turismo religioso e o número de católicos cresceu – diz ela, que atribui parte do seu interesse também ao fato de ser católica.

Boa parte das imagens para o trabalho já está feita e editada. Após finalizado, o vídeo deverá ter algo entre 20 e 30 minutos. O propósito da jornalista não é produzir um filme comercial, quer apenas ter o prazer de contar a bela história.

– Aos olhos das pessoas, o nó é um símbolo muito forte. É parte da vida de quase todo mundo, por isso a Desatadora chama tanto a atenção – define.

Padre Ricardo Whyte, que em 2014 deixou a paróquia para se dedicar à comunidade Vox Lumen de Cristo, criada por ele na periferia de Búzios para desenvolver obras sociais com famílias carentes, tem um ponto de vista diferente:

– Eu não tenho a menor dúvida de que Nossa Senhora quis colocar o pé neste lugar.

---

[32] Teresa de Lisieux (☆1873†1897), freira carmelita francesa, tornou-se conhecida também como Santa Teresinha do Menino Jesus. Segundo a tradição católica, recebeu uma graça da Virgem Maria ainda menina, quando ficou muito doente. Durante a sessão de orações que suas irmãs mais velhas faziam ao redor de sua cama, com a imagem de Nossa Senhora nas mãos, a Virgem sorriu para Teresa. Ela ficou curada e decidiu seguir o caminho da irmã mais velha, entrar para a Ordem das Carmelitas Descalças. Como tinha apenas 14 anos e não poderia ser admitida no convento, pediu autorização especial ao papa Leão XlII e a obteve. Na clausura, onde adotou o nome religioso de

Teresa do Menino Jesus e da Santa Face, tinha um estilo de vida simples e de profunda espiritualidade, o que a converteu em modelo de santidade para os católicos. Morreu com apenas 24 anos, vítima de tuberculose, e transformou-se em fenômeno devocional com a publicação de *A história de uma alma*, compilação de seus manuscritos biográficos. Canonizada pelo papa Pio XI em 1925, foi declarada padroeira das missões (ao lado do jesuíta São Francisco Xavier) em 1927 e nomeada patrona da França (com Santa Joana d'Arc) em 1944. Santa Teresa é muito venerada no Brasil – há várias igrejas dedicadas a ela no país. Na Tijuca, bairro do Rio de Janeiro, está o primeiro templo do mundo erguido em sua homenagem, em 1924.

[33] A devoção a Nossa Senhora das Graças, também conhecida como Nossa Senhora da Medalha Milagrosa, está associada a aparições da Virgem Maria em Paris, na França. Segundo a tradição católica, entre julho e dezembro de 1830, Ela revelou-se três vezes à então noviça Catarina Labouré, da Companhia das Filhas da Caridade de São Vicente de Paulo (no Brasil chamadas de Irmãs Vicentinas). Todas as manifestações ocorreram na capela da congregação na rue du Bac. Na segunda delas, a Virgem segurava um globo e irradiava intensos raios de luz das mãos. Mostrou-se dentro do que parecia ser uma moldura de formato oval encimada pela frase "Ó Maria, concebida sem pecado, rogai por nós que recorremos a Vós". Nesta ocasião, Nossa Senhora pediu a Catarina para mandar cunhar uma medalha com o formato da imagem ovalada e dissesse que quem a usasse receberia grandes graças.

Irmã Catarina morreu em dezembro de 1876 e foi enterrada no interior da capela onde ocorreram as aparições. Quase 60 anos depois, em 1933, seu corpo foi exumado e apareceu intacto, milagre que levou à sua rápida beatificação. Foi canonizada como Santa Catarina Labouré, em 1947, pelo papa Pio XII. Seu corpo está exposto em uma caixa de vidro na mesma igrejinha da rue du Bac, hoje chamada Capela de Nossa Senhora da Medalha Milagrosa.

[34] A Fazenda da Esperança é uma comunidade terapêutica cristã dedicada à recuperação de jovens dependentes químicos. Foi fundada em 1983, pelo frei Hans Stapel e pelo leigo Nelson Giovanelli Rosendo dos Santos. Seu primeiro núcleo foi instalado em Guaratinguetá, no interior de São Paulo. Hoje a obra social mantém 72 núcleos em 22 estados brasileiros e outras 35 unidades em 15 países da Europa, Ásia, África e Américas do Sul e Central.

[35] A devoção a Nossa Senhora de Lourdes está associada a 18 aparições da Virgem para a camponesa Bernadette Soubirous, entre fevereiro e julho de

1858, em uma gruta conhecida como Massabielle, na cidade de Lourdes, no sudoeste da França. Bernadette tinha apenas 14 anos quando Maria se manifestou pela primeira vez. A Santa tinha a aparência de menina, usava vestido branco com uma faixa azul na cintura e segurava o rosário nas mãos. Em uma das aparições, a Virgem pediu a ela para cavar o chão até descobrir a nascente escondida ali e bebesse de sua água. A notícia se espalhou e muita gente foi atraída para beber o líquido tido como milagroso – sete pessoas foram consideradas curadas. Com os tumultos formados no local, os acessos à gruta foram fechados pela polícia e pela prefeitura. Coube ao imperador Napoleão III (sobrinho de Napoleão Bonaparte) ordenar a reabertura do espaço, em outubro de 1858. A Igreja Católica ficou longe da polêmica até janeiro de 1862, quando admitiu as aparições. Hoje, nas proximidades da gruta, está o Santuário de Nossa Senhora de Lourdes, que recebe cerca de 1 milhão de devotos por ano.

[36] No início de janeiro de 2016, o padre José Alves Filho, então administrador da Igreja de Sant'Anna e Santa Rita, retirou os ex-votos das paredes poucos dias antes de passar o comando da paróquia para o padre Cosme Damião Navarro. O episódio causou comoção entre os devotos de Nossa Senhora Desatadora dos Nós.

Capítulo 20

O guerreiro que deu lugar à Virgem

A imensa estátua de quase 20 metros de altura podia ser vista até por quem passasse pela rodovia Professor Zeferino Vaz, que liga Campinas ao distrito de Barão Geraldo, no interior de São Paulo. Arco na mão esquerda, tocha na direita e aljava às costas, tinha a pretensão de simbolizar um guerreiro da Grécia Antiga. Foi inspirada em uma das sete maravilhas do mundo antigo, o Colosso de Rodes, gigantesca escultura de Hélios, o deus grego do Sol, que no século 3 a.C. orientava os navegantes do mar Egeu até o canal da ilha de mesmo nome.

Plantada na entrada de uma das mais badaladas casas de entretenimento do interior paulista na segunda metade da década de 1990, a estátua funcionava como uma espécie de farol, chamando aqueles que buscavam diversão noturna. A Rhodes – e depois a sua sucessora, a Texas Night – marcaram época no pequeno trecho da rua Estácio de Sá, no Jardim Santa Genebra, mas incomodaram a vida de muita gente, em especial a dos católicos que frequentavam o oratório chamado de Santuário Maria Porta do Céu, núcleo de veneração de Nossa Senhora construído por leigos e localizado na rua perpendicular, a Alexandre de Gusmão.[37]

Todas as manhãs de domingo, quando a comunidade se reunia para rezar, um pouco do que fora a noite anterior estava espalhado pelo chão: garrafas e latas de bebidas, preservativos, tocos de cigarros de todo tipo e seringas. O cenário chegava a chocar algumas pessoas.

O centro de orações fora criado pelo ex-piloto de aviões Denis Bourgerie, francês que chegou ao Brasil na década de 1970. Ele passou boa parte da juventude fazendo voos de alto risco sobre lugares remotos como a cordilheira do Atlas, no Marrocos, a selva amazônica e as regiões de garimpo do Pará, conforme ele próprio conta no livro *Glorioso encontro*, que escreveu com a mulher, a médica Suzel. Em dado momento, decidiu largar tudo para se tornar missionário da Virgem Maria. "Fui piloto e sei: só a fé sobra da vida humana. O resto é vento", disse ele à *Folha de S.Paulo*, em dezembro de 2001.[38] "Nossa Senhora me tirou da aviação para trabalhar para Ela. Eu não ajudava ninguém, era uma profissão vazia e oca", definiu, para explicar as razões pelas quais trocou os ares pela evangelização.

Esta foi a primeira grande alteração de rota ocorrida em sua vida. A outra viria tempos depois, conforme ele relata em outro dos livros que publicou, *Maria, passa na frente*. Foi em 1999, quando fez um giro religioso pela Argentina para visitar lugares emblemáticos para o catolicismo no país vizinho – as ruínas da missão jesuíta de San Ignacio Miní, o Santuário Maria do Rosário de San Nícolas, a Igreja de Nossa Senhora dos Milagres de Santa Fé, entre outros.

Certo dia, escreveu ele, caminhando pela periferia de Buenos Aires, soube do santuário católico instalado na região, no bairro de Agronomía, dedicado à Virgem sobre a qual nunca ouvira falar. Quando chegou ao lugar, a Igreja de San José del Talar, encontrou uma multidão de pessoas em fila para entrar e orar diante do quadro de uma Santa desconhecida: era Nossa Senhora Desatadora dos Nós. Naquele momento, lembra, foi contagiado pelo fascínio que envolvia todos ali. "Foi impactante, como um tapa na cara", definiu em entrevista ao *site* de comportamento *Delas*, do *iG*.

"Denis permaneceu estarrecido diante de tanta beleza, dos detalhes tão ricos, no plano da fé, das mensagens ali contidas no quadro", relata Suzel no *site* do santuário. "O nome, Nossa Senhora Desatadora dos Nós, não lhe deixou mais o coração sossegado por dias e dias. Por quê? Precisava fazê-La conhecida no Brasil, afinal quem não tem algum nó a desatar, um problema que não conseguimos solucionar, nos ata e nos impede de cantar as maravilhas de Deus?", registrou no mesmo espaço.

Denis buscou informações sobre a origem da invocação e diz ter ganhado, do pároco de San José del Talar, a reprodução do retrato acomodado no pequeno altar do santuário de Buenos Aires. Em Campinas, instalou a imagem no Santuário de Maria Porta do Céu. Começou, assim, a missionar a representação de Nossa Senhora que acabara de conhecer. "Colocamos o quadro no santuário e fizemos a primeira novena. Ficamos surpresos com a resposta. A novena é poderosa", contou ele à *Folha de S.Paulo*, em dezembro de 2001.

O interesse das pessoas cresceu de forma muito rápida, e Denis, que teve forte influência da Renovação Carismática em sua formação católica, criou ritos para materializar a devoção e aproximar a relação dos fiéis com Nossa Senhora. Quem buscava alcançar a graça recebia o pedaço de papel no qual escrevia seu pedido, dobrava-o, dava um nó usando uma fita e, por fim, depositava no cesto colocado aos pés do retrato.

Em pouco tempo, o espaço do oratório ficou minúsculo para abrigar a fama que o boca a boca construiu para a Santa. Conforme relato dos jornais de Campinas, entre o final de 1990 e o começo de 2000 centenas de pessoas se espremiam no lugar dedicado à Desatadora todos os fins de semana. E quando chegava o domingo próximo ao 8 de dezembro – dia consagrado pelo catolicismo à Imaculada Conceição, por coincidência a padroeira de Campinas –, o número de fiéis era de impressionar. Os padres que celebravam como convidados, em regime de voluntariado, eram obrigados a fazer missas campais para milhares de devotos, conforme registra a edição de 13 de dezembro de 2004 do extinto jornal local *Diário do Povo*. A multidão se espalhava pela rua.

Em certo momento, o fluxo de pessoas naquele pedaço do Jardim Santa Genebra sofreu forte inversão: já havia mais gente nas manhãs de domingo que nas noites de sábado. A Desatadora se transformara em um farol mais poderoso que o guerreiro grego.

Não demorou para que a solução para a falta de espaço batesse à porta dos Bourgerie. Denis conta no livro *A poderosa Nossa Senhora Desatadora dos Nós*, outro do qual é coautor com Suzel, que um dia foi procurado por uma frequentadora do oratório, esposa do proprietário da boate vizinha, que já não vivia os tempos de glória do passado. Ela queria saber se a Associação Maria Porta do Céu, entidade em nome da qual fora construído, com doações, o santuário, tinha interesse em comprar o prédio da casa noturna. Não havia dinheiro, claro. O ex-piloto francês respondeu à mulher que só poderia ficar com o imóvel se ele fosse doado. A negociação parou por ali, mas não estava encerrada.

Meses depois, os proprietários do imóvel voltaram a procurar Denis para negociar. Ainda não haviam conseguido vender o prédio de 1.700 metros quadrados de área construída, que nos tempos áureos chegou a receber quase 2.500 pessoas por noite. Dinheiro ainda não havia, mas dessa vez ele decidiu dar um lance ousado. No dia 8 de março de 2006, fechou o negócio por R$ 730 mil. Além disso, assumiu a dívida tributária de quase R$ 1,6 milhão. "Maria comprou a boate", disse Suzel em entrevista ao jornal campineiro *Correio Popular*. "O prédio foi comprado na fé" – e tudo seria pago em prestações mensais, por meio de campanhas de arrecadação com devotos da Santa.

A mudança do cenário para transformar a casa de lazer em casa de fé começou em seguida. As gaiolas gigantes que pendiam do teto, lugar onde dançarinas seminuas se apresentavam, foram os primeiros acessórios retirados. Dezoito caminhões de terra eliminaram a pista de dança, em um piso rebaixado. No espaço, foram instalados bancos para acomodar os fiéis – o mesmo ocorreu na área do mezanino, onde funcionavam os camarotes da boate. O palco foi transformado em altar. A cúpula mudou de cor e ganhou uma cruz, marca definitiva da mudança.

O Santuário de Nossa Senhora Desatadora dos Nós foi inaugurado no dia 10 de dezembro de 2006, com uma missa campal da qual participaram cerca de 3 mil pessoas. Como o recinto comporta metade disto, a outra parte dos fiéis ficou na área de circulação externa e até na rua.

O lugar ainda não está sob a autoridade da Arquidiocese de Campinas, ao contrário da capela de Búzios. Continua sendo uma iniciativa privada. Não tem pároco e as missas são celebradas por padres convidados ou voluntários, a maior parte da Paróquia de São Benedito, à qual pertence o Jardim Santa Genebra, bairro onde está instalado.

O arcebispo metropolitano de Campinas, d. Airton José dos Santos, no cargo desde 2012, aponta que seu antecessor, d. Bruno Gamberini, assinou decreto dando ao santuário a condição de oratório público. Isso estabelece certa relação formal com a Igreja. "É uma designação canônica reconhecendo o lugar como de índole católica", explica. "Não está sob jurisdição da Igreja, mas atesta: é espaço de fé católica, até porque são padres da diocese que celebram as missas ali."

Não havia maneira de ser diferente. Desde sua inauguração, o santuário criado pelo ex-piloto de aviões e sua esposa consolidou-se como o maior centro de devoção e peregrinação a Nossa Senhora Desatadora dos Nós no Brasil. Todas as semanas chegam caravanas de todo o Estado de São Paulo para conhecer o lugar. As duas missas dos sábados e as três celebradas aos domingos reúnem centenas de pessoas que levam seus nós para a Mãe de Deus desamarrar.

Fiel à prática da Renovação Carismática, Denis continua criando encantos paralelos para estreitar a relação dos devotos com a Desatadora.

Os pedidos, agora, já não são mais amarrados, mas deixados em enormes tachos que ficam aos pés de uma das imagens da Santa colocadas no santuário. Depois, são queimados, prática iniciada na capela de Búzios em 2001.

As celebrações se alinharam ao ritmo das mudanças tecnológicas. Todas as semanas, missas são transmitidas pela internet, com acesso pelo *site* do santuário.

Os elementos cênicos para atrair os fiéis ganharam sofisticação. Na grande comemoração anual da Desatadora, realizada em fim de semana próximo ao dia 8 de dezembro, há quase sempre alguma surpresa. Um helicóptero derramando pétalas sobre a multidão ou homens vestidos de anjos, suspensos por cabos, realizando voos sobre as pessoas reunidas e descendo no altar, como já ocorreu.

Além disso, a Associação Maria Porta do Céu realiza obras chamadas de misericórdia. A mais antiga delas é coordenada por um grupo chamado de Anjos de Maria: a distribuição de refeições a moradores de rua de Campinas, trabalho iniciado em 2002, com a voluntária Maria do Carmo Martinez Motta.

A mais ambiciosa das obras de misericórdia, porém, ainda está em construção. Há quase dez anos o casal Bourgerie arrecada recursos e constrói o Centro de Terapia da Dor e Cuidados Paliativos Lo Tedhal, ao lado do santuário. A intenção é oferecer atendimento a pacientes terminais de câncer e suas famílias. As obras são um nó em si mesmas, tamanha a complexidade do projeto. Mas como disse Denis certa vez, a saída é recorrer à Mãe de Deus. "Ela desata os nós e soluciona os problemas, pois uma vida com nós não é vida."

---

[37] Maria Porta do Céu é uma das invocações da mais conhecida das Ladainhas de Nossa Senhora, a Lauretana, ou Loretana, referência à cidade de Loreto, na Itália, onde foi cantada pela primeira vez, em 1531, segundo a tradição católica. Na oração, Porta do Céu remete ao fato de que a Virgem Maria, ao se submeter à concepção pelo Espírito Santo, abriu as portas do mundo para o filho de Deus. É, neste sentido, a porta de ligação entre o céu e a Terra.

[38] A história do Santuário de Nossa Senhora Desatadora dos Nós em Campinas foi produzida a partir de informações publicadas em jornais, no *site* do santuário e em livros, todos listados na bibliografia desta obra. Denis Bourgerie não quis conceder entrevista para este livro. Cancelou algumas datas que reservou para isso.

A Desatadora no mundo

Em inglês, Ela é conhecida como Mary, Untier of Knots, Mary, Undoer of Knots ou mesmo Mary who Unties the Knots. Os franceses a chamam de Marie qui défait les Nœuds. Os italianos, de Maria che Scioglie i Nodi. Nas Filipinas, Ela é Maria, Tagakalag ng mga Buhol ng Buhay. E na Polônia, Maria Rozwiązująca Węzły.

O nome da Virgem Desatadora dos Nós passou a ser pronunciado em vários outros idiomas – além do alemão, espanhol e português – desde que o papa Francisco começou a promover sua devoção e A transformou em fenômeno de veneração. Altares e pequenos espaços dedicados à Santa surgiram em várias partes do mundo, embora os principais polos de devoção ainda sejam Augsburg, Buenos Aires, Búzios e Campinas.

1 Alemanha

- Abensberg, Baviera
  - Capela do Centro Educacional São Francisco (Hauskapelle des Berufsbildungswerkes St. Franziskus).
- Oberelsbach, Baviera
  - Capela Nothelfer (Nothelferkapelle).
- Pirk, Baviera
  - Capela de Maria Desatadora dos Nós (Kapelle Maria, die Knotenlöserin).

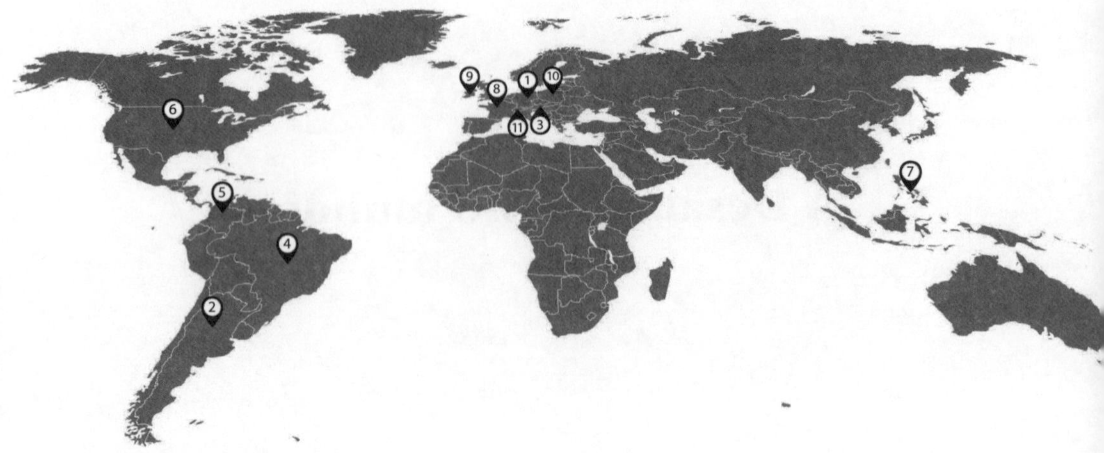

2 Argentina

- Buenos Aires
  - Igreja de Santo Inácio (Iglesia de San Ignacio).
  - Paróquia da Assunção de Maria em Temperley (Parroquia Asunción de María en Temperley).
  - Paróquia da Imaculada Virgem de Fátima de Vila Devoto (Parroquia de la Inmaculada Virgen de Fátima de Villa Devoto).
  - Paróquia de São João Batista (Parroquia San Juan Bautista).
- Formosa
- Santuário da Madre de Deus Virgem Maria (Santuario Madre De Dios Virgen María).
- San Miguel de Tucumán
  - Paróquia da Imaculada Conceição (Parroquia de la Inmaculada Concepción).

3 Áustria

- Villach, Caríntia
  - Igreja de Santa Maria de Landskron (Kirche Maria Landskron).
- Voitsberg, Estíria
  - Capela de Vila Tregist (Dorfkapelle Tregist).

④ Brasil

- São José, Santa Catarina
  - Paróquia Santo Antônio.
- São Paulo, São Paulo
  - Paróquia Nossa Senhora Desatadora dos Nós.
  - Paróquia de Nossa Senhora das Neves.
- Presidente Prudente, São Paulo
  - Paróquia Nossa Senhora Desatadora dos Nós e São José Anchieta.

⑤ Colômbia

- Itagui, Antioquia
  - Santuário de Maria Desatadora dos Nós (Santuario a Maria Desatadora de Nudos).

⑥ Estados Unidos

- Del Rio, Texas
  - Paróquia de São José (St. Joseph's Parish).
- Filadélfia, Pensilvânia
  - Paróquia de São João Batista (St. John the Baptist Parish).

⑦ Filipinas

- Cidade de Quezon, Ilha de Luzon
  - Paróquia do Cristo Rei (Kristong Hari Parish).

⑧ França

- Toulon, Var
  - Capela de Maria Desatadora dos Nós (Chapelle de Marie qui Défait les Noeuds).

⑨ Irlanda

- Moyross, Limerick
  - Paróquia Corpo de Cristo (Corpus Christi Moyross Parish).

⑩ Polônia

- Kąty Rybackie, Pomerânia
  - – Igreja de São Marcos (Parafii Marka Ewangelisty).

⑪ Suíça

- Oberriet, São Galo
  - – Capela Riet (Rietkapelle).

As orações

Há muitas preces dedicadas a Nossa Senhora Desatadora dos Nós. A mais antiga delas foi escrita pelo padre argentino Juan Ramón Celeiro, da Paróquia de São João Batista, em Buenos Aires. Em 1997, um ano depois de a imagem da Santa ter sido colocada na Igreja de San José del Talar, ele se viu diante da necessidade de atender à demanda dos fiéis de sua paróquia que eram devotos Dela – pouco antes já havia acolhido o pedido de colocar um quadro da Virgem na igreja. O padre escreveu, então, a novena que passou a circular, a princípio de maneira informal, de mão em mão. Antes da virada do século, porém, ela já havia sido editada e distribuída para toda a América Latina.

Em 2013, logo depois da eleição do papa Francisco, a oração já era publicada em seis idiomas além do espanhol original – alemão, francês, holandês, inglês, italiano e português. A novena ganhou o *imprimatur* – como é chamada a autorização eclesiástica para publicação – do Arcebispado de Paris.

Quando foi lançada na Itália, o padre Celeiro disse, em entrevista para a Libreria Coletti, uma das mais tradicionais livrarias católicas italianas, que o conceito de nó na vida é bastante atual. "Poderíamos falar de Maria, Auxiliadora dos Cristãos, ou Maria, Refúgio dos Pecadores, mas esses títulos, no mundo de hoje, parecem dizer pouco ou nada", explicou. "O nó é uma terminologia muito própria da atualidade." Na mesma entrevista, ele apontou que o mundo moderno é, em essência, gráfico: "Mais do que as palavras, hoje, as imagens falam; e esta imagem (*da Desatadora*) até uma criança entende".

A principal oração à Virgem, porém, é a que continua sendo impressa no verso dos santinhos distribuídos a todos os que visitam o Santuário de San José del Talar.

Oração

Oración

Santa Maria, cheia da presença de Deus,

Santa María, llena de la presencia de Dios,

Durante os dias de Tua vida aceitaste com toda a humildade a vontade do Pai,

Durante los días de tu vida aceptaste con toda humildad la voluntad del Padre,

E o maligno nunca foi capaz de Te envolver-lhe com as suas confusões.

Y el Maligno nunca fue capaz de enredarte con sus confusiones.

Junto ao Teu Filho intercedeste por nossas dificuldades e,

Ya junto a tu Hijo intercediste por nuestras dificultades y,

Com toda a simplicidade e paciência, nos deste exemplo de como desenrolar as linhas de nossas vidas.

Con toda sencillez y paciencia, nos diste ejemplo de cómo desenredar la madeja de nuestras vidas.

E ao se dar para sempre como nossa Mãe,

Y al quedarte para siempre como Madre nuestra,

Colocas em ordem e tornas mais claros os laços que nos unem ao Senhor.

Pones en orden y haces más claros los lazos que nos unen al Señor.

Santa Maria, Mãe de Deus e nossa Mãe,

Santa María, Madre de Dios y Madre nuestra,

Tu que, com coração materno, desata os nós que entorpecem a nossa vida,

Tú que con corazón materno desatas los nudos que entorpecen nuestra vida,

Te pedimos que nos receba em Tuas mãos e que nos livre das amarras e das confusões com que nos castiga aquele que é nosso inimigo.

Te pedimos que nos recibas en tus manos y que nos libres de las ataduras y confusiones con que nos hostiga el que es nuestro enemigo.

Por tua graça,

Por tu gracia,

Por tua intercessão,

Por tu intercesión,

Com o teu exemplo,

Con tu ejemplo,
Livra-nos de todo o mal,
Líbranos de todo mal,

Senhora Nossa,
Señora Nuestra,

E desata os nós que impedem que nos unamos a Deus,
Y desata los nudos que impiden nos unamos a Dios,

Para que, livres de toda confusão e erro, O louvemos em todas as coisas, coloquemos Nele os nossos corações e possamos servi-Lo sempre através dos nossos irmãos.

Para que, libres de toda confusión y error, lo hallemos en todas las cosas, tengamos en Él puestos nuestros corazones y podamos servirle siempre en nuestros hermanos.

Amém.
Amén.

Bibliografia

Livros

ALVAREZ, Rodrigo. *Aparecida – A biografia da santa que perdeu a cabeça, ficou negra, foi roubada, cobiçada pelos políticos e conquistou o Brasil*. São Paulo-SP: Editora Globo, 2014.

ALVAREZ, Rodrigo. *Maria – A biografia da mulher que gerou o homem mais importante da história, viveu um inferno, dividiu os cristãos, conquistou meio mundo e é chamada de Mãe de Deus*. São Paulo-SP: Editora Globo, 2015.

AWI MELLO, Alexandre. *"Ela é minha mãe!" – Encontros do Papa Francisco com Maria*. 4ª ed. São Paulo-SP: Edições Loyola, 2015.

BERMÚDEZ, Alejandro. *Pope Francis – Our brother, our friend: Personal recollections about the man who became Pope*. São Francisco (EUA): Ignatius Press, 2013.

Bíblia Sagrada. 113ª ed. São Paulo-SP: Editora Ave-Maria, 1997.

BOURGERIE, Denis e BOURGERIE, Suzel. *Glorioso encontro*. 28ª ed. Campinas-SP: Edições Logos, s/d.

BOURGERIE, Denis e BOURGERIE, Suzel. *Maria, passa na frente*. 8ª ed. Campinas-SP: Edições Logos, 2006.

BOURGERIE, Suzel e BOURGERIE, Denis. *A poderosa Nossa Senhora Desatadora dos Nós*. Campinas-SP: Edições Logos, 2011.

CÁMARA, Javier e PFAFFEN, Sebastián. *Aquel Francisco*. Córdoba (Argentina): Raíz de Dos, 2014.

HIMITIAN, Evangelina. *A vida de Francisco – O Papa do povo*. Rio de Janeiro-RJ: Objetiva, 2013.

PIQUÉ, Elisabetta. *Papa Francisco – Vida e revolução*. São Paulo-SP: LeYa, 2014.

ROMA, Justino de. *I e II Apologias/Diálogo com Trifão*. São Paulo-SP: Paulus, 2014.

RUBIN, Sergio e AMBROGETTI, Francesca. *O Papa Francisco – Conversas com Jorge Bergoglio*. Rio de Janeiro-RJ/Campinas-SP: Verus Editora, 2013.

SCAVO, Nello. *Bergoglio's list – How a young Francis defied a dictatorship and saved dozens of lives*. Charlotte (EUA): Saint Benedict Press, 2013.

Dissertação

DONADON, Daniel Bueno. *Adversus Haereses, de Ireneu de Lyon: Tradução e comentários*. Instituto de Estudos da Linguagem (IEL) da Universidade Estadual de Campinas, Campinas-SP, 2011. Disponível em *http://www.bibliotecadigital.unicamp.br/document/code=000812831*. Último acesso em 10 de janeiro de 2016.

Jornais, revistas e agências de notícias

BAUMANN, Andrea e MÜHLHAUSE, Christian. *Was Papst Franziskus in Augsburg machte*, Augsburger Allgemeine, 15 de março de 2013, Augsburg (Alemanha). Disponível em *http://www.augsburger-allgemeine.de/augsburg/Was-Papst-Franziskus-in-Augsburg-machte-id24452476.html*. Último acesso em 1º de junho de 2016.

BELLOS, Alex. *Virgin painting ties Brazilians in knots*. The Guardian, 24 de dezembro de 2001, Londres (Inglaterra). Disponível em *http://www.theguardian.com/world/2001/dec/24/alexbellos*. Último acesso em 1º de junho de 2016.

Bergoglio studierte einst in Frankfurt am Main. Die Welt, 13 de março de 2013, Berlim (Alemanha). Disponível em *http://www.welt.de/politik/deutschland/article114452124/Bergoglio-studierte-einst-in-Frankfurt-am-Main.html*. Último acesso em 1º de junho de 2016.

Bergoglio y el colegio de su adolescencia. La Stampa, Vatican Insiders, 29 de janeiro de 2014, Roma (Itália). Disponível em *http://www.lastampa.it/2014/01/29/vaticaninsider/es/vaticano/bergoglio-y-el-colegio-de-su-adolescencia-bYTYTBkXVFGg8hj6LZI9LM/pagina.html.* Último acesso em 1º de junho de 2016.

COMPIANO, María Julia. *Devoción del gobierno por la Virgen Desatanudos.* La Nacion Revista, 8 de outubro de 2000, Buenos Aires (Argentina). Disponível em *http://www.lanacion.com.ar/213138-devocion-del-gobierno-por-la-virgen-de-satanudos.* Último acesso em 1º de junho de 2016.

CORRÊA, Sílvia. *Em procissões, fitas vão ser abençoadas.* Folha de S.Paulo, 8 de dezembro de 2001, São Paulo-SP.

CORRÊA, Sílvia. *País descobre a santa Desatadora dos Nós.* Folha de S.Paulo, 8 de dezembro de 2001, São Paulo-SP.

CORRÊA, Sílvia. *Para pioneiro, só a fé sobrevive.* Folha de S.Paulo, 8 de dezembro de 2001, São Paulo-SP.

COSTA, Maria Teresa. *Boate é transformada em igreja.* Correio Popular, 28 de setembro de 2006, Campinas-SP.

COSTA, Maria Teresa. *Devotos da Desatadora agradecem bênçãos.* Correio Popular, 8 de dezembro de 2014, Campinas-SP.

El cuarto de Bergoglio, la nueva perla turística de Córdoba. Diario Popular, 26 de abril de 2013, Buenos Aires (Argentina). Disponível em *http://www.diariopopular.com.ar/notas/154648-el-cuarto-bergoglio-la-nueva-perla-turistica-cordoba.* Último acesso em 1º de junho de 2016.

El Papa recibe al Padre Jalics que fue secuestrado por la dictadura en Argentina. ACI Prensa, 9 de outubro de 2013, Lima (Peru). Disponível em *https://www.aciprensa.com/noticias/el-papa-recibe-al-padre-jalics-que-fue-secuestrado-por-la-dictadura-en-argentina-39981/.* Último acesso em 1º de junho de 2016.

Fé que atrai multidões. Diário do Povo, 7 de janeiro de 2008, Campinas-SP.

Fiéis lotam santuário para pedir à santa que desate os 'nós' da vida. Correio Popular, 9 de agosto de 2001, Campinas-SP.

HIMITIAN, Evangelina. *Tras cinco años, mudarán de barrio a la Virgen Desatanudos*. La Nacion, 23 de abril de 2001, Buenos Aires (Argentina). Disponível em *http://www.lanacion.com.ar/61119-tras-cinco-anos-mudaran-de-barrio-a-la-virgen-desatanudos*. Último acesso em 1º de junho de 2016.

La habitación del Papa, otro de los atractivos históricos. La Voz, 6 de abril de 2015, Córdoba (Argentina). Disponível em *http://www.lavoz.com.ar/ciudadanos/la-habitacion-del-papa-otro-de-los-atractivos-historicos*. Último acesso em 1º de junho de 2016.

LITRE, Gabriela. *Una Virgen recorre la Casa de Gobierno*. La Nacion, 17 de junho de 2000, Buenos Aires (Argentina). Disponível em *http://www.lanacion.com.ar/21173-una-virgen-recorre-la-casa-de-gobierno*. Último acesso em 1º de junho de 2016.

MARTIN, James, sj. *RIP Vincent O'Keefe, SJ*. America – The National Catholic Review, 24 de julho de 2012, Nova York (EUA). Disponível em *http://americamagazine.org/content/all-things/rip-vincent-okeefe-sj*. Último acesso em 1º de junho de 2016.

MAYRINK, José Maria. *Santuário compra boate para crescer*. O Estado de S. Paulo, 24 de setembro de 2006, São Paulo-SP.

MÉDOLA, Michele. *Desatadora de Nós*. Diário do Povo, 13 de dezembro de 2004, Campinas-SP.

MENASCE, Márcio. *Há 50 anos, Brigitte Bardot revelava Búzios para o mundo*. O Globo, 9 de fevereiro de 2014, Rio de Janeiro-RJ. Disponível em *http://oglobo.globo.com/rio/bairros/especiais-bairros/ha-50-anos-brigitte-bardot-revelava-buzios-para-mundo-11535844*. Último acesso em 1º de junho de 2016.

NEUMAN, William. *'Dirty War' victim rejects Pope's connection to kidnapping*. The New York Times, 21 de março de 2013, Nova York (EUA). Disponível em *http://www.nytimes.com/2013/03/22/world/americas/jesuit-priest-rejects-popes-connection-to-kidnapping.html?_r=0*. Último acesso em 1º de junho de 2016.

"No me lo contaron, lo viví: Bergoglio ayudó a mucha gente en la dictadura". La Capital, 15 de março de 2013, Buenos Aires (Argentina). Disponível em *http://www.lacapital.com.ar/no-me-lo-contaron-lo-vivi-*

-bergoglio-ayudo-mucha-gente-la-dictadura-n417027. Último acesso em 1º de junho de 2016.

PARISE, Eduardo. *El origen de la Virgen Desatanudos.* Clarin, 29 de junho de 2015, Buenos Aires (Argentina). Disponível em *http://www.clarin.com/ciudades/Secreta_Buenos_Aires-el-origen-de-la-virgen-desatanudos_0_1384661560.html.* Último acesso em 1º de junho de 2016.

PELATI, Manuela. *Il miracolo della Madonna della Neve è dedicato ai poveri e a Papa Francesco.* Corriere Della Sera, 5 de agosto de 2013, Roma (Itália). Disponível em *http://roma.corriere.it/roma/notizie/cronaca/13_agosto_5/madonna-neve-santa-maria-maggiore-2222488133024.shtml.* Último acesso em 1º de junho de 2016.

ROUILLON, Jorge. *Un fenómeno religioso en la ciudad: la Virgen "que desata los nudos".* La Nacion, 18 de janeiro de 1999, Buenos Aires (Argentina). Disponível em *http://www.lanacion.com.ar/124975-un-fenomeno-religioso-en-la-ciudad-la-virgen-que-desata-los-nudos.* Último acesso em 1º de junho de 2016.

SALEK, Valéria. *Com ela não tem nó.* Diário do Povo, 10 de dezembro de 2001, Campinas-SP.

Santa "milagreira" atrai caravanas. Correio Popular, 7 de janeiro de 2008, Campinas-SP.

SANTINELLO, Gláucia. *Busca para desatar os nós da vida.* Correio Popular, 9 de setembro de 2012, Campinas-SP.

SCHMIDT, Sarah. *Missa emociona com anjos e flores.* Correio Popular, 10 de dezembro de 2012, Campinas-SP.

SILVA, Marina. *A caminho da Rhodes.* Diário do Povo, 20 de novembro de 1996, Campinas-SP.

SPADARO, Pe. Antonio. *Entrevista ao Papa Francisco.* L'Osservatore Romano, edição semanal em português, 29 de setembro de 2013, Cidade do Vaticano. Disponível em *https://w2.vatican.va/content/francesco/pt/speeches/2013/september/documents/papa-francesco_20130921_intervista-spadaro.html.* Último acesso em 1º de junho de 2016.

SPECIALE, Alessandro e TORNIELLI, Andrea. *Pope stays put in St. Martha's House.* La Stampa/Vatican Insider, 26 de março de 2013, Roma (Itália). Disponível em *http://www.lastampa.it/2013/03/26/vaticaninsider/eng/*

the-vatican/pope-stays-put-in-st-marthas-house-ZVy0pLQbo5mYA4jU-agdJUO/pagina.html. Último acesso em 1º de junho de 2016.

VEIGA, Gustavo. *Un terreno para la Desatanudos*. Página 12, 9 de maio de 2004, Buenos Aires (Argentina). Disponível em *http://www.pagina12.com.ar/diario/sociedad/3-35087-2004-05-09.html*. Último acesso em 1º de junho de 2016.

Publicações online

Apócrifos – Protoevangelho de Tiago. Universo Católico. Disponível em *http://www.universocatolico.com.br/index.php?/apocrifos-proto--evangelho-de-tiago.html*. Último acesso em 13 de junho de 2016.

ARRÁIZ, Pe. Pedro Morazzani, EP. *São Pedro Claver – O escravo dos escravos*. Arautos do Evangelho, São Paulo-SP. Disponível em *http://www.arautos.org/especial/8352/Sao-Pedro-Claver--O-escravo-dos-escravos.html*. Último acesso em 13 de junho de 2016.

Augsburg. Encyclopedia.com (EUA). Disponível em *http://www.encyclopedia.com/topic/Augsburg.aspx*. Último acesso em 13 de junho de 2016.

BACCEGA, Marcus; ZANINI, Camila Follegati; ZAPPIA, Rafael Balan. *A Teologia da Libertação e a opção preferencial pelos pobres na América Latina*. Revista História & Perspectivas, janeiro-junho de 2011, Uberlândia-MG. Disponível em *http://www.seer.ufu.br/index.php/historiaperspectivas/article/view/19361/10410*. Último acesso em 13 de junho de 2016.

Biografia do Santo Padre Francisco. Libreria Editrice Vaticana (Vaticano). Disponível em *https://w2.vatican.va/content/francesco/pt/biography/documents/papa-francesco-biografia-bergoglio.html*. Último acesso em 13 de junho de 2016.

Biography – Johann Georg Melchior Schmittner. Art Finding, Paris (França). Disponível em *http://www.artfinding.com/93091/Biography/Schmittner-Johann-Georg-Melchior?LANG=an*. Último acesso em 13 de junho de 2016.

BORRUSO, Maria Virginia Geremia. *Guardini, Romano*. Treccani, la cultura italiana, Dizionario biografico, Roma (Itália). Disponível em *http://www.treccani.it/enciclopedia/romano-guardini_(Dizionario-Biografico)/*. Último acesso em 13 de junho de 2016.

CHECK, Christopher. *The battle that saved the Christian West*. Catholic Answers Magazine, El Cajon (EUA). Disponível em *http://www.catholic.com/magazine/articles/the-battle-that-saved-the-christian-west*. Último acesso em 13 de junho de 2016.

Culto al Gauchito Gil. Diccionario de Mitos y Leyendas, Argentina. Disponível em *http://www.cuco.com.ar/gauchito_gil.htm*. Último acesso em 13 de junho de 2016.

FLEMING, David L., sj. *The Ignatian anniversaries – Three holy Jesuits*. Review of Ignatian Spirituality, nº 112, 2006. Disponível em *http://www.sjweb.info/documents/cis/pdfenglish/200611203en.pdf*. Último acesso em 16 de junho de 2016.

FRANCISCO, Papa. *Audiência geral*. Libreria Editrice Vaticana, 8 de junho de 2016, Vaticano. Disponível em *https://w2.vatican.va/content/francesco/pt/audiences/2016/documents/papa-francesco_20160608_udienza-generale.html*. Último acesso em 16 de junho de 2016.

FRANCISCO, Papa. *Discurso no Encontro com os representantes dos meios de comunicação social*. Libreria Editrice Vaticana, 16 de março de 2013, Vaticano. Disponível em *http://w2.vatican.va/content/francesco/pt/speeches/2013/march/documents/papa-francesco_20130316_rappresentanti-media.html*. Último acesso em 16 de junho de 2016.

FRANCISCO, Papa. *Meditações matutinas na santa missa celebrada na capela da Casa de Santa Marta – O GPS e os quatro sarilhos*. Libreria Editrice Vaticana, 6 de junho de 2016, Vaticano. Disponível em *https://w2.vatican.va/content/francesco/pt/cotidie/2016/documents/papa-francesco-cotidie_20160606_o-gps-e-os-4-sarilhos.html*. Último acesso em 16 de junho de 2016.

FRANCISCO, Papa. *Oração para a Jornada Mariana por ocasião do Ano da Fé*. Libreria Editrice Vaticana, 12 de outubro de 2013, Vaticano. Disponível em *http://w2.vatican.va/content/francesco/pt/speeches/2013/october/documents/papa-francesco_20131012_preghiera-mariana.html*. Último acesso em 16 de junho de 2016.

GONZÁLEZ-QUEVEDO, Luís, sj. *De Bergoglio a Francisco – Um testemunho*. Jesuítas Brasil, 13 de abril de 2013, Goiânia-GO. Disponível em *http://www.centroloyola.com.br/loyola/index.php/pe-quevedo/413--de-bergoglio-a-francisco-um-testemunho.html.* Último acesso em 20 de junho de 2016.

GONZÁLEZ-QUEVEDO, Luís, sj. *Nosso Irmão Francisco.* Jesuítas Brasil, Goiânia-GO. Disponível em *http://www.centroloyola.com.br/loyola/index.php/component/content/article/222-pe-quevedo/387-nosso--irm%C3%A3o-francisco.html.* Último acesso em 20 de junho de 2016.

História de Nossa Senhora de Lourdes. Revista Arautos do Evangelho, São Paulo-SP. Disponível em *http://revistacatolica.com.br/nossa-senhora/nossa-senhora-de-lourdes/historia-de-nossa-senhora-de-lourdes.* Último acesso em 20 de junho de 2016.

Historia del origen del Gauchito Gil – Leyenda y vida del santo. Historia y Biografías (Argentina). Disponível em *http://historiaybiografias.com/argentino11/.* Último acesso em 20 de junho de 2016.

IRENAEUS, St. *Against Heresies (Book III, Chapter 22).* New Advent (EUA). Disponível em *http://www.newadvent.org/fathers/0103322.htm.* Último acesso em 20 de junho de 2016.

Irenaeus. Theopedia – An encyclopedia of Biblical Christianity. Disponível em *http://www.theopedia.com/irenaeus.* Último acesso em 20 de junho de 2016.

Johann Georg Melchior Schmidtner. Wikipedia. Disponível em *https://de.wikipedia.org/wiki/Johann_Georg_Melchior_Schmidtner.* Último acesso em 20 de junho de 2016.

Lola Frexas. Los Coleccionistas – Pintura argentina, Buenos Aires (Argentina). Disponível em *http://www.loscoleccionistas.com.ar/?portfolio=lola-frexas.* Último acesso em 22 de junho de 2016.

MAGISTER, Sandro. *Benedicto XVI tiene un padre: Romano Guardini.* Chiesa.expressoonline.it, 1º de outubro de 2008, Roma (Itália). Disponível em *http://chiesa.espresso.repubblica.it/articolo/207016?sp=y.* Último acesso em 22 de junho de 2016.

MAMBRINI, Verônica. *Hoje é dia de Nossa Senhora Desatadora dos Nós.* iG São Paulo-SP, 11 de dezembro de 2011. Disponível em *http://delas.ig.com.br/comportamento/hoje-e-dia-de-nossa-senhora-desatadora--dos-nos/n1597403910551.html.* Último acesso em 22 de junho de 2016.

María Auxiliadora. ACI Prensa, Lima (Peru). Disponível em *https://www.aciprensa.com/recursos/maria-auxiliadora-1101/*. Último acesso em 22 de junho de 2016.

Maria che scioglie i nodi – Novena. Effata Editrice (Itália). Disponível em *https://editrice.effata.it/libro/9788874027828/maria-che-scioglie-i-nodi/*. Último acesso em 22 de junho de 2016

Mercedarians. New Advent (EUA). Disponível em *http://www.newadvent.org/cathen/10197b.htm*. Último acesso em 22 de junho de 2016.

Miraculous Medal. New Advent (EUA). Disponível em *http://www.newadvent.org/cathen/10115a.htm*. Último acesso em 22 de junho de 2016.

Mugica (1930-1974) – El cura de los pobres. Télam – Agencia Nacional de Noticias Bolívar, Buenos Aires (Argentina). Disponível em *http://www.telam.com.ar/informes-especiales/2-carlos-mugica-el-cura-de-los-pobres/6-los-inicios*. Último acesso em 22 de junho de 2016.

Na audiência, o Papa explica o 'primeiro milagre de Jesus'. Rádio Vaticano – A voz do Papa e da Igreja em diálogo com o mundo, 8 de junho de 2016, Vaticano. Disponível em *http://br.radiovaticana.va/news/2016/06/08/na_audi%C3%AAncia,_o_papa_explica_o_primeiro_milagre_de_jesus/1235571*. Último acesso em 23 de junho de 2016.

Nossa Senhora Auxiliadora. Revista Arautos do Evangelho, São Paulo-SP. Disponível em *http://revistacatolica.com.br/doutrina/nossa-senhora/nossa-senhora-auxiliadora/o-que-nossa-senhora-mais-se-dispoe-a-fazer/*. Último acesso em 23 de junho de 2016.

Nossa Senhora das Graças. Arautos do Evangelho, São Paulo-SP. Disponível em *http://www.arautos.org/especial/20941/Nossa-Senhora-das-Gracas-e-a-Medalha-Milagrosa.html*. Último acesso em 23 de junho de 2016.

Nossa Senhora das Mercês. Ordem das Mercês. Disponível em *http://mercedarios.com.br/nossa-senhora-das-merces*. Último acesso em 23 de junho de 2016.

Nossa Senhora das Neves e a Basílica de Santa Maria Maior. Catolicismo – Revista de Cultura e Atualidades, agosto de 1994, São Paulo-SP. Disponível em *http://catolicismo.com.br/materia/materia.cfm?IDmat=8ACA0FC2-3048-313C-2E64ADCEAF4A1D49&mes=Agosto1994*. Último acesso em 23 de junho de 2016.

Nossa Senhora do Carmo. Basílica Nossa Senhora do Carmo, Arquidiocese de Campinas, Campinas-SP. Disponível em *http://www.basilicadocarmocampinas.org.br/devocao_historia.htm.* Último acesso em 23 de junho de 2016.

Notre-Dame de Lourdes. New Advent (EUA). Disponível em *http://www.newadvent.org/cathen/09389b.htm.* Último acesso em 23 de junho de 2016.

Origen de la devoción a la Virgen del Carmen y el Monte Carmelo. ACI Prensa, Lima (Peru). Disponível em *https://www.aciprensa.com/Maria/nsrcarmen/origendevocion.htm.* Último acesso em 23 de junho de 2016.

Nuestra Señora de Lourdes. ACI Prensa, Lima (Peru). Disponível em *http://ec.aciprensa.com/wiki/Nuestra_Se%C3%B1ora_de_Lourdes.* Último acesso em 23 de junho de 2016.

Nuestra Señora de Luján. ACI Prensa, Lima (Peru). Disponível em *https://www.aciprensa.com/recursos/nuestra-senora-de-lujan-1121/.* Último acesso em 23 de junho de 2016.

O brasão do Papa Francisco. Libreria Editrice Vaticana (Vaticano). Disponível em *https://w2.vatican.va/content/francesco/pt/elezione/stemma--papa-francesco.html.* Último acesso em 13 de junho de 2016.

Our Lady of the Snows. Roman Catholic Saints, St. Marys, Kansas (EUA). Disponível em *http://www.roman-catholic-saints.com/our-lady-of--the-snows.html.* Último acesso em 24 de junho de 2016.

Pancho Sierra – Biografia del gaucho sanador. Historia y Biografias, Argentina. Disponível em *http://historiaybiografias.com/pancho_sierra/.* Último acesso em 24 de junho de 2016.

Pedro Arrupe. Biografías y Vidas – La enciclopedia biográfica en línea. Disponível em *http://www.biografiasyvidas.com/biografia/g/guardini.htm.* Último acesso em 24 de junho de 2016.

Pedro Arrupe, SJ (1907-1991). Ignatian Spirituality. Loyola Press, Chicago, Illinois (EUA). Disponível em *http://www.ignatianspirituality.com/ignatian-voices/20th-century-ignatian-voices/pedro-arrupe-sj.* Último acesso em 24 de junho de 2016.

PEIRÓ, Claudia. *Quién fue Antonio Quarracino, el primer "elector" de Bergoglio.* Infobae, 13 de março de 2016, Buenos Aires (Argentina).

Disponível em *http://www.infobae.com/2016/03/13/1796773-quien--fue-antonio-quarracino-el-primer-elector-bergoglio/*. Último acesso em 24 de junho de 2016.

PIO IX, Pope. *Ineffabilis Deus*, 8 de dezembro de 1854. Disponível em *http://www.papalencyclicals.net/Pius09/p9ineff.htm*. Último acesso em 24 de junho de 2016.

Prêmio Carlos Magno distingue esforços pela unidade europeia. Rádio Vaticano, 6 de maio de 2016, Vaticano. Disponível em *http://br.radiovaticana.va/news/2016/05/06/pr%C3%AAmio_carlos_magno_distingue_esfor%C3%A7os_pela_unidade_europeia/1227859*. Último acesso em 24 de junho de 2016.

Protoevangelho de Tiago. Apologética Católica (Brasil). Disponível em *http://www.apologeticacatolica.com.br/agnusdei/proto0.htm*. Último acesso em 24 de junho de 2016.

RATZINGER, Joseph Card. *Instrução Libertatis Conscientia sobre a liberdade cristã e a libertação*. Congregação para a Doutrina da Fé, 22 de março de 1986, Vaticano. Disponível em *http://www.vatican.va/roman_curia/congregations/cfaith/documents/rc_con_cfaith_doc_19860322_freedom-liberation_po.html*. Último acesso em 27 de junho de 2016.

RATZINGER, Joseph Card. *Instrução sobre alguns aspectos da Teologia da Libertação*. Congregação para a Doutrina da Fé, 6 de agosto de 1984, Vaticano. Disponível em *http://www.vatican.va/roman_curia/congregations/cfaith/documents/rc_con_cfaith_doc_19840806_theology-liberation_po.html*. Último acesso em 27 de junho de 2016.

RICARDO, Pe. Paulo. *A história de uma alma*. Disponível em *https://padrepauloricardo.org/episodios/a-historia-de-uma-alma*. Último acesso em 27 de junho de 2016.

RÍOS, Horacio. *Padre Carlos Mugica, semblanza de un cura como pocos*. Diario de Cartas (Argentina). Disponível em *http://www.elortiba.org/memoria.html*. Último acesso em 27 de junho de 2016.

RIVERA, Mario H. Ibertis. *Virgen María la que Desata los Nudos – La verdadera historia*, Buenos Aires (Argentina). Disponível em *http://www.desatadora.com.ar/titulo*. Último acesso em 27 de junho de 2016.

RIVERO, Pe. Jordi. *Nuestra Señora de Luján, patrona de Argentina*. Corazones – Siervas de los Corazones Traspasados de Jesús y María. Disponível em *http://www.corazones.org/maria/america/argentina_lujan.htm*. Último acesso em 27 de junho de 2016.

Romano Guardini. Biografías y Vidas – La enciclopedia biográfica en línea. Disponível em *http://www.biografiasyvidas.com/biografia/g/guardini.htm*. Último acesso em 27 de junho de 2016.

SAMPERI, Miguel Cuartero. *O que é e como se reza a novena a Maria Desatadora dos Nós?* Aleteia Italia, 14 de maio de 2014, Roma (Itália). Disponível em *http://pt.aleteia.org/2014/05/14/o-que-e-e-como-se-reza-a-novena-a-maria-desatadora-dos-nos/*. Último acesso em 28 de junho de 2016.

Saint Irenaeus – Doctor of the Church. Eternal Word Television Network, Irondale, Alabama (EUA). Disponível em *http://www.ewtn.com/library/MARY/IRENAEUS.htm*. Último acesso em 28 de junho de 2016.

Sainte Thérèse – Biographie. Patrimoine Religieux (França). Disponível em *http://www.therese-de-lisieux.fr/biographie_de_Sainte_Therese_de_lisieux.html*. Último acesso em 28 de junho de 2016.

San Martín de Tours. Enciclopedia Católica Online. ACI Prensa, Lima (Peru). Disponível em *http://ec.aciprensa.com/wiki/San_Mart%C3%ADn_de_Tours*. Último acesso em 28 de junho de 2016.

San Pedro Nolasco. Enciclopedia Católica Online. ACI Prensa, Lima (Peru). Disponível em *http://ec.aciprensa.com/wiki/San_Pedro_Nolasco*. Último acesso em 28 de junho de 2016.

San Raimundo de Peñafort. Enciclopedia Católica Online. ACI Prensa, Lima (Peru). Disponível em *http://ec.aciprensa.com/wiki/San_Raimundo_de_Pe%C3%B1afort*. Último acesso em 28 de junho de 2016.

San Ulrico. Enciclopedia Católica Online. ACI Prensa, Lima (Peru). Disponível em *http://ec.aciprensa.com/wiki/San_Ulrico*. Último acesso em 28 de junho de 2016.

Sanadores y Guias Espirituales – Pancho Sierra. Diccionario de Mitos y Leyendas (Argentina). Disponível em *http://www.cuco.com.ar/pancho_sierra.htm*. Último acesso em 28 de junho de 2016.

Santa Afra. Enciclopedia Católica Online. ACI Prensa, Lima (Peru). Disponível em *http://ec.aciprensa.com/wiki/Santa_Afra*. Último acesso em 28 de junho de 2016.

Santa Teresa de Lisieux. Enciclopedia Católica Online. ACI Prensa, Lima (Peru). Disponível em *http://ec.aciprensa.com/wiki/Santa_Teresa_de_Lisieux*. Último acesso em 28 de junho de 2016.

Santos e ícones católicos – História de Maria Auxiliadora. Cruz Terra Santa, São Paulo (Brasil). Disponível em *http://www.cruzterrasanta.com.br/historia-de-maria-auxiliadora/16/102/#c*. Último acesso em 28 de junho de 2016.

SERNA, Pe. Eduardo de la. *Padre Carlos Mugica (1930-1974)*. El Ortiba, Argentina. Disponível em *http://www.elortiba.org/memoria.html*. Último acesso em 28 de junho de 2016.

SOLIMEO, Plinio Maria. *Santo Afonso Rodríguez, o santo porteiro jesuíta*. Catolicismo – Revista de Cultura e Atualidades, outubro de 2004, São Paulo, SP (Brasil). Disponível em *http://catolicismo.com.br/materia/materia.cfm?IDmat=8A06F6FE-AF7B-8FC6-22BCC2396BC5189A&mes=Outubro2004*. Último acesso em 28 de junho de 2016.

St. Afra. Catholic Online. Disponível em *http://www.catholic.org/saints/saint.php?saint_id=1151*. Último acesso em 29 de junho de 2016.

St. Alphonsus Rodriguez. Catholic Online. Disponível em *http://www.catholic.org/saints/saint.php?saint_id=1285*. Último acesso em 29 de junho de 2016.

St. Alphonsus Rodriguez. Catholic Encyclopedia. New Advent (EUA). Disponível em *http://www.newadvent.org/cathen/01341a.htm*. Último acesso em 29 de junho de 2016.

St. Francis Xavier. Catholic Encyclopedia. New Advent (EUA). Disponível em *http://www.newadvent.org/cathen/06233b.htm*. Último acesso em 29 de junho de 2016.

St. Francis Xavier. Catholic Online. Disponível em *http://www.catholic.org/saints/saint.php?saint_id=423*. Último acesso em 29 de junho de 2016.

St. Ignatius Loyola. Catholic Encyclopedia. New Advent (EUA). Disponível em *http://www.newadvent.org/cathen/07639c.htm*. Último acesso em 29 de junho de 2016.

St. Ignatius Loyola. Ignatian Spirituality. Loyola Press, Chicago, Illinois (EUA). Disponível em *http://www.ignatianspirituality.com/ignatian-voices/st-ignatius-loyola*. Último acesso em 29 de junho de 2016.

St. Martin of Tours. Catholic Encyclopedia. New Advent (EUA). Disponível em *http://www.newadvent.org/cathen/09732b.htm*. Último acesso em 30 de junho de 2016.

St. Martin of Tours. Catholic Online. Disponível em *http://www.catholic.org/saints/saint.php?saint_id=81*. Último acesso em 29 de junho de 2016.

St. Peter Claver. Catholic Online. Disponível em *http://www.catholic.org/saints/saint.php?saint_id=94*. Último acesso em 30 de junho de 2016.

St. Peter Nolasco. Catholic Online. Disponível em *http://www.catholic.org/encyclopedia/view.php?id=9239*. Último acesso em 30 de junho de 2016.

St. Raymond of Peñafort. Catholic Encyclopedia. New Advent (EUA). Disponível em *http://www.newadvent.org/cathen/12671c.htm*. Último acesso em 30 de junho de 2016.

St. Raymond of Pennafort. Catholic Online. Disponível em *http://www.catholic.org/saints/saint.php?saint_id=315*. Último acesso em 30 de junho de 2016.

St. Ulrich. Catholic Encyclopedia. New Advent (EUA). Disponível em *http://www.newadvent.org/cathen/15123a.htm*. Último acesso em 30 de junho de 2016.

St. Wolfgang. Catholic Encyclopedia. New Advent (EUA). Disponível em *http://www.newadvent.org/cathen/15682b.htm*. Último acesso em 30 de junho de 2016.

St. Wolfgang. Catholic Online. Disponível em *http://www.catholic.org/encyclopedia/view.php?id=12431*. Último acesso em 30 de junho de 2016.

TESTA, Mirko. *Bergoglio, el maestrillo que enseñaba con libros y música*. Aleteia Italia, 3 de março de 2014, Roma (Itália). Disponível em *http://es.aleteia.org/2014/03/03/bergoglio-el-maestrillo-que-ensenaba-con-libros-y-musica/*. Último acesso em 30 de junho de 2016.

The Carmelite Order. New Advent (EUA). Disponível em *http://www.newadvent.org/cathen/03354a.htm*. Último acesso em 13 de junho de 2016.

ZUCAL, Silvano. *The intellectual relationship between Joseph Ratzinger and Romano Guardini*. Eternal Word Television Network, Irondale, Alabama (EUA). Disponível em *http://www.ewtn.com/library/Theology/ratzinguardini.HTM*. Último acesso em 30 de junho de 2016.

Sites institucionais

Augsburg Tourism, Augsburg (Alemanha). *http://www.augsburg-tourismus.de/*. Último acesso em 1º de julho de 2016.

Colegio de la Inmaculada Concepción, Santa Fé (Argentina). *http://www.colegioinmaculada.edu.ar/*. Último acesso em 7 de março de 2016.

Colegio del Salvador, Buenos Aires (Argentina). *http://colegiodelsalvador.esc.edu.ar/*. Último acesso em 1º de julho de 2016.

Colegio Máximo de San José, San Miguel (Argentina). *http://www.jesuitas-sm.com.ar/*. Último acesso em 1º de julho de 2016.

Comunidade Canção Nova, Cachoeira Paulista-SP (Brasil). *http://www.cancaonova.com/*. Último acesso em 1º de julho de 2016.

El Santuario de Nuestra Señora de Los Milagros, Santa Fé (Argentina). *http://www.nsdelosmilagros.com.ar/santuario/historia-del-milagro*. Último acesso em 1º de julho de 2016.

Fazenda da Esperança, Guaratinguetá-SP (Brasil). *http://www.fazenda.org.br/*. Último acesso em 1º de julho de 2016.

Filhas da Caridade de São Vicente de Paulo, Curitiba-PR (Brasil). *http://www.filhasdacaridade.com.br/Index.aspx?erro=pagina*. Último acesso em 5 de julho de 2016.

Guillermo Roux, Buenos Aires (Argentina). *http://www.guillermoroux.com.ar/*. Último acesso em 5 de julho de 2016.

Ignatian Spirituality, Loyola Press, Chicago, Illinois (EUA). *http://www.ignatianspirituality.com/*. Último acesso em 5 de julho de 2016.

Jesuitas – Provincia Argentina-Uruguaya, Buenos Aires (Argentina). *http://jesuitasaru.org/*. Último acesso em 5 de julho de 2016.

Jorge Melo – Pinturas y dibujos, Buenos Aires (Argentina). *http://jorgemelo-pinturasydibujos.blogspot.com.br/*. Último acesso em 5 de julho de 2016.

Mary who unties knots – Imprimatur from the Archdiocese of Paris (França). *http://www.mariequidefaitlesnoeuds.com/en*. Último acesso em 5 de julho de 2016.

Ordem do Carmo (Brasil). *http://www.carmelitas.org.br/a-ordem-do-carmo/*. Último acesso em 5 de julho de 2016.

Padre Ricardo Whyte, Búzios-RJ (Brasil). *http://www.padrericardowhyte.com/*. Último acesso em 5 de julho de 2016.

Paróquia de Nossa Senhora Desatadora dos Nós e São José de Anchieta, Presidente Prudente-SP (Brasil). *http://www.nsdesatadoradosnos.iparoquia.com/*. Último acesso em 5 de julho de 2016.

Philosophisch-Theologische Hochschule Sankt Georgen, Frankfurt (Alemanha). *http://www.sankt-georgen.de/*. Último acesso em 5 de julho de 2016.

Sanctuaire de Lisieux (França). *http://www.therese-de-lisieux.catholique.fr/-Teresita-.html*. Último acesso em 5 de julho de 2016.

Sanctuaire Notre-Dame de Lourdes (França). *http://es.lourdes-france.org/*. Último acesso em 5 de julho de 2016.

Santuário de Nossa Senhora Desatadora dos Nós (Brasil). *http://www.mariadesatadoradosnos.com.br/*. Último acesso em 5 de julho de 2016.

Santa Sé (Vaticano). *http://w2.vatican.va/content/vatican/pt.html*. Último acesso em 5 de julho de 2016.

Schaezlerpalais, Augsburg (Alemanha). *http://www.kunstsammlungen-museen.augsburg.de/index.php?id=20164*. Último acesso em 5 de julho de 2016.

Society of Jesus (EUA). *http://www.jesuits.org/*. Último acesso em 5 de julho de 2016.

St. Peter am Perlach, Augsburg (Alemanha). *http://www.xn--knotenlserin-bjb.de/*. Último acesso em 5 de julho de 2016.

Tarde com Maria, Rio de Janeiro-RJ (Brasil). *http://www.tardecommaria.com.br/*. Último acesso em 5 de julho de 2016.

Universidad del Salvador – USAL, Buenos Aires (Argentina). *http://www.usal.edu.ar/*. Último acesso em 5 de julho de 2016.

Rádio

Entrevista com o padre Juan Ramón Celeiro. Rádio Vaticana, 16 de maio de 2013. Disponível em *http://it.radiovaticana.va/105/storico/2013/05/files/audiomp3/00372123.MP3*. Último acesso em 10 de julho de 2016.

Vídeos

Audience with the media. The Vatican, 16 de março de 2013, Vaticano. Disponível em *https://www.youtube.com/watch?v=IP6qxwSRERk*. Último acesso em 10 de julho de 2016.

Intervista a Padre Celeiro Juan R., autore della Novena a Maria che Scioglie i Nodi. Libreria Coletti, 17 de maio de 2013, Roma (Itália). Disponível em *https://www.youtube.com/watch?v=zXS_-aJb2bM*. Último acesso em 10 de julho de 2016.

Intervista Maria che Scioglie i Nodi – Padre Juan Ramón Celeiro.

TV 2000, 12 de julho de 2013, Roma (Itália). Disponível em *https://gloria.tv/?media=478629&language=3SsSaAbCEfb*. Último acesso em 10 de julho de 2016.

Reflexão do Papa na Audiência Geral. The Vatican, 8 de junho de 2016, Vaticano. Disponível em *https://www.youtube.com/watch?v=Fj_ow1w8dsQ*. Último acesso em 10 de julho de 2016.

Agradecimentos

D. Airton José dos Santos, Alcibiades Godoy, Pe. Alexandre Awi Mello, Alice Masiero, Ana María Berti de Betta, Antonio João Boscolo, Ariel Palácios, Axel Jäckle, Beth Ferri, Bia Fugulin, Caroline Vieira, Cleide Cavalcante, Emanuelle Paixão, Fr. Hans Stapel, Helena Trindade Albuquerque, Isis Penido, Ismael Pfeifer, João Batista Mendonça David, Pe. João Passadori, Pe. Jonas Abib, Jorge Riccio, Fr. José Almy Gomes, Pe. José Alves Filho, José Aparecido Miguel, José Francisco Pacóla, José Paulo Velloso, Kenkiti Cesar Chinen, Luzia Santiago, Marcelo Pereira, Marcio Mathidios, Marcos Garcia de Oliveira, Maria Fernanda Quintela, Maria Goretti Kilian Pacóla, Maria Inês Goulart de Oliveira, Maria do Carmo Martinez Motta, Maria José Reche, Mauro Cerdeira, Pe. Omar Di Mario, Osvaldo Luiz Silva, Paulo Mattos, Mons. Rafael Capelato, Renato Luiz Ferreira, Pe. Renato Petrocco, Pe. Ricardo Whyte, Pe. Rodolfo Arroyo, Roland Augustin, Rosangela Padovan, Sergio Rubin, Tiago Araújo, William Alves Ferreira.

Fotos

ROLAND AUGUSTIN/SHOTO

Augsburg, Alemanha: pintura de Maria Knotenlöserin, a origem da devoção

CHRISTINE PEMSL/REGIO AUGSBURG TOURISMUS GMBH

Igreja de St. Peter am Perlach e a torre que lhe empresta parte do nome, em Augsburg

ROLAND AUGUSTIN/SHOTO

Quadro de Maria Knotenlöserin e estatuetas de Santa Afra (à direita) e São Wolfgang

ROLAND AUGUSTIN/SHOTO

Um pequeno nicho guarda o retrato atribuído ao pintor barroco Schmidtner

EDUARDO MATTOS

Buenos Aires, Argentina: Ana María Berti de Betta, autora de cinco réplicas da Santa

FOTOS: EDUARDO MATTOS

Igreja de San José del Talar, em Buenos Aires, Santuário da Virgen Desatanudos

Padre Rodolfo Arroyo, pároco quando o retrato foi colocado na igreja

Padre Omar Di Mario, confessor voluntário quando o fenômeno explodiu

Devotos em conexão com a Virgem, cena comum no santuário de Buenos Aires

EDUARDO MATTOS

Velas com pedidos e agradecimentos à Virgem no santuário de Buenos Aires

JORGE RICCIO

O cardeal Jorge Bergoglio celebra sua última missa no santuário, em 8 de dezembro de 2013

Vaticano: a réplica feita por Ana María Berti de Betta a pedido do papa Francisco

ALBERTO PIZZOLI/EFE

O Papa recebe a então presidente argentina Cristina Kirchner, em março de 2014

No Vaticano, o Papa e o frei Hans Stapel, que trouxe a Santa para o Brasil

Cachoeira Paulista (SP): Luzia Santiago tornou a Santa conhecida no Brasil pela TV Canção Nova

FOTOS: EDUARDO MATTOS

Búzios (RJ): fachada da Capela de Nossa Senhora Desatadora dos Nós

Ex-votos de fiéis na parede da Igreja de Sant'Anna e Santa Rita de Cássia, em Búzios

EDUARDO MATTOS

Isis Penido, a devota que ergueu a capela em Búzios para pagar uma promessa

RONALDO CORRÊA

Padre Ricardo Whyte, ex-pároco de Búzios que cedeu área para a capela

EDUARDO MATTOS

Escultura que decora a igrejinha

EDUARDO MATTOS

Na capela de Búzios, o tríptico com Nossa Senhora se destaca atrás do altar

FOTOS: EDUARDO MATTOS

Campinas (SP): entrada do Santuário de Nossa Senhora Desatadora dos Nós

Velas encaminham pedidos e agradecimentos para a Santa

Tachos guardam centenas de pedidos que são abençoados nas missas do santuário

EDUARDO MATTOS

Celebrações no santuário de Campinas reúnem centenas de pessoas

DOMINIQUE TORQUATO/AAN

Denis Bourgerie, o ex-piloto de aviões que largou tudo para missionar a Virgem

EDUARDO MATTOS

Estátua de Maria Desatadora dos Nós no santuário de Campinas

Este livro foi impresso pela 57 Gráfica e Editora em papel pólen soft 80g.
As páginas das fotos em papel couché 90g.
A fonte usada no miolo é a Garamond ITC Bk BT, corpo 12.